Peter Selg

Das Vaterunser

Peter Selg

Das Vaterunser

in der Darstellung Rudolf Steiners

Verlag Freies Geistesleben

Studien zur anthroposophischen Christologie

Ita Wegman Institut
für anthroposophische Grundlagenforschung

Pfeffinger Weg 1 a
4144 Arlesheim (Schweiz)
www.wegmaninstitut.ch

3. Auflage 2022

Verlag Freies Geistesleben
Landhausstraße 82, 70190 Stuttgart
www.geistesleben.com

ISBN 978-3-7725-2398-4

Umschlaggestaltung: Thomas Neuerer
Druck: Friedrich Pustet GmbH & Co. KG, Regensburg
Printed in Germany

MIX
Papier aus verantwortungsvollen Quellen
FSC® C014889

Friedrich Rittelmeyer
gewidmet

Inhalt

Vorwort

Die Worte der Offenbarung rufen jede Zeit in ihren Dienst. Dass eine frühere Großes gesagt hat, enthebt die unsere nicht der Pflicht, das ihre zu tun.

Romano Guardini[1]

Thomas von Aquin nannte das Vaterunser das «hervorragendste» Gebet der Christenheit,[2] und Rudolf Steiner sprach von einem «Zentral-» und «Mittelpunktsgebet» des christlichen Lebens,[3] das nicht nur zu den «allertiefsten Gebeten der Welt» überhaupt gehöre,[4] sondern auch für die geisteswissenschaftlich ausgerichtete Meditation von eminenter Bedeutung sei. Einmal nannte er es gar das «größte Initiations-Gebet».[5] Rudolf Steiner lebte mit dem Vaterunser in intensiver Weise – daran ist bei näherer Betrachtung seiner Biographie, seiner geistigen Gestalt und seines Werkes kein Zweifel möglich.

Das Vaterunser ist ein besonderes Gut. Christus übergab es nicht nur seinen Jüngern und legte ihnen seinen Wortlaut intensiv ans Herz, sondern er sprach das Gebet – als ein erster – selbst. Vieles wurde im Rahmen des kirchengeschichtlich-theologischen Denkens über das Vaterunser geschrieben, darunter auch zu der Frage, warum der

Christus-Name in dem Gebet überhaupt nicht vorkommt, obwohl Christus Jesus der zentrale Inhalt des christlichen Bekenntnisses ist. Von entscheidender Bedeutung ist dabei jedoch das Verständnis der Tatsache, dass Christus das Gebet *für* seine Jünger sprach und sie, den inneren Kreis der Gemeinschaft,[6] in seine Vaterbeziehung aufnahm. Das Vater-Wort des Vaterunsers steht in Beziehung zum Taufgeschehen im Jordan und der dort vernommenen Stimme: «Du bist mein Sohn. Ich habe dich heute gezeugt.»[7] «Zur Stunde der Geburt Christi hat der Name *Vater* seinen Anfang genommen, der vorher nie gewesen ist», schrieb Paracelsus.[8] – Christus bezeichnete seine Jünger in der Entwicklung ihres dreijährigen Zusammenseins schließlich als «Freunde» und «Brüder»; bereits bei der (frühen) «Stiftung» des Vaterunsers aber schloss er sich mit ihnen zu einem ersten «Wir» zusammen: *«Vater unser».*[9] Im «Hohepriesterlichen Gebet» vom Gründonnerstagabend, unmittelbar vor Gethsemane und Golgatha, bat er den Vater um Beistand für die Jüngergemeinschaft, in ihrem Zusammensein mit ihm: «Vater, ich will, dass, wo ich bin, auch die bei mir seien, die du mir gegeben hast!»[10] Christus sprach von und zu seinem Vater – nach seiner Auferstehung prägte er das Wort: *«Mein Vater und euer Vater».*[11] Vor diesem Hintergrund bedeutet das Beten des Vaterunsers den Eingang in eine Wortgestalt, die Christus einst in seiner Beziehung zum Vater prägte und in die er die Jünger in dezidierter Weise aufnahm, als

«Freunde» und «Brüder». Das Beten des Vaterunsers ist – in gewisser Hinsicht – ein Beten in Christus und mit Christus, auch im Sinne des von Johannes überlieferten Satzes: «Wenn jemand mich [Christus] liebt, wird er mein Wort halten, und mein Vater wird ihn lieben; und wir werden zu ihm kommen und bei ihm Wohnung nehmen.»[12] Thomas von Aquin sprach einst darüber, dass Christus, der das Vaterunser den Jüngern als Lehrender betend übergab, es «in Gemeinschaft mit dem Vater» erhöre.[13] Wie man auch immer diesbezüglich denkt – ein Bewusstsein davon zu erwerben, dass das «Christusjüngergebet» mit Christus in innerer Weise verbunden ist und bleibt, dass es *seine* Worte zum Vater waren, in die er die Jünger aufnahm, scheint von vordringlicher Bedeutung zu sein. «Ich lebe, doch nicht mehr ich, sondern Christus in mir», schrieb Paulus in zukunftsbezogener Weise,[14] worauf Rudolf Steiner in vielen Zusammenhängen einging – im Hinblick auf die Entwicklung des eigentlichen, höheren Ichs. Auf das Vaterunser bezogen bedeuten die paulinischen Worte nach Wilhelm Kelber: «Christus ist, wo Gottes-Sohnschaft in der Seele entsteht, wo sich das Menschen-Ich als Sohn des Weltenvaters erlebt und erkennt. Als ‹Gottes-Sohn› ist Christus der Bruder dieses Ich. Als ‹Menschen-Sohn› bezeichnet er die Fortentwicklung des Menschen über sich selbst hinaus, die mit der Gottes-Sohnschaft eintritt. […] Der Name Christus ist nicht im Vaterunser enthalten. Das würde Christus zum Objekt, zum Gegenstand des Betens machen. Und dadurch würde er dem Seelen-Innern entrückt. Gerade durch das Vaterunser will Christus aber eine andere Stellung zwischen den Menschen und dem Weltenvater einnehmen. Er ist selbst der geheime Bote des Vaterunsers in der Seele. Das Vaterunser ist das Mittel seiner Einwohnung im Menschenwesen.»[15] Karl Friedrich Althoff sprach in zutreffender Weise von einem *«Menschenweihegebet»*.[16]

*

Vor dem skizzierten christologischen Gesamthintergrund, seinen Voraussetzungen und besonderen Akzenten, wird mit der vorliegenden Arbeit versucht, Rudolf Steiners Beiträge zu einem spirituellen Vaterunser-Verständnis unter den Bedingungen der Moderne zugänglich zu machen. «Erst in unserer Zeit ist die Möglichkeit vorhanden, wiederum das herauszuholen, was Christus Jesus hineingelegt hat in das Gebet, und wiederum das zu wissen, was er als Kraft hineingelegt besonders in das Vaterunser», sagte Rudolf Steiner in einem Vortrag aus dem Jahre 1907, vor etwas mehr als einhundert Jahren.[17] Bekanntlich arbeitete Steiner weder hermeneutisch-textkritisch noch theologisch. Sein Beitrag entstand vielmehr auf der Basis einer originären Geistesforschung, deren Wesen und deren Qualität vielen Menschen bis in die Gegenwart hinein unbekannt und unverständlich ist – und nicht selten den Gegenstand von Häme und Spott, Aggression und Ironie bildet. Steiners verschiedene Aussagen zum Vaterunser sind außerhalb anthroposophischer Kreise wenig bekannt; aber auch unter Menschen, denen die Geisteswissenschaft Rudolf Steiners ein wirkliches Anliegen ist, wird ihr Umfang, ihre Differenziertheit und ihre Tiefe nicht oft gesehen und bedacht. In dieser Situation schien es mir hilfreich und weiterführend zu sein, diese Thematik im Werk Rudolf Steiners noch einmal aufzugreifen und – zumindest in einigen Umrissen – zur Darstellung zu bringen. Wie bei meiner vorangegangenen Studie über Rudolf Steiners Beitrag zum Verständnis der Jordantaufe und zum Fest der Epiphanie wird dabei der Raum der Betrachtung um die Zeugnisse des Urchristentums erweitert. Vor Theologen deutete Rudolf Steiner einmal an, dass es hilfreich sei, sich die Empfindungen zu vergegenwärtigen, «die etwa das Urchristentum hatte beim Vernehmen oder beim Innerlich-Lebendigmachen des Vaterunsers».[18] Eine solche Vergegenwärtigung ist nicht einfach, aber auch nicht völlig ausgeschlossen – und Steiner selbst sprach wiederholt darüber, welche Bedeutung dieser Bemühung zukomme: «Heute ist [...] die Zeit, wo die Menschheit sich unbedingt zurückerinnern muss an dieses spirituelle Erfassen des Christentums in den ersten christlichen Jahrhunderten.»[19] Eine so gehaltene bzw. unternommene «Zurückerinnerung» ist kein Selbstzweck, sondern schärft das Bewusstsein für die zukunftsbezogenen Inhalte des esoterischen Christentums, die in der kirchlichen Tradition oft bis zur Unkenntlichkeit entstellt und trivialisiert wurden – ein Vorgang, der auch vor dem Vaterunser keineswegs Halt machte.

Rudolf Steiner erschloss das esoterische Christentum zu Beginn des 20. Jahrhunderts auf methodische Weise und in neuer Art, außerordentlich direkt und initiativ – für den Einzelnen und die Gemeinschaft. Auf Bitten von Theologen ermöglichte er auch die Wiederaufrichtung eines christlichen Kultus, der dem Mysteriencharakter der wahren Messe verpflichtet ist und in dem das Vaterunser seinen Stellenwert und seine Würde zurückerhielt. Christus übergab das Gebet seinen Jüngern für ihr inwendiges Leben, in Verborgenheit («Du aber, wenn du beten willst, gehe in deine Kammer, schließe deine Türe zu und bete zu deinem Vater, der im Verborgenen ist; und dein Vater, der im Verborgenen sieht, wird es dir vergelten.»[20]). Zugleich aber schenkte er das Gebet den Jüngern in ihrer *Gemeinschaft* und ließ es mit den Worten «Vater *unser*» beginnen – nach Lukas erfolgte diese Übergabe auf Bitten eines einzelnen Jüngers, der bei Christus für die Gemeinschaft angefragt hatte: «Herr, lehre *uns* beten.»[21] In dieser Spannung oder in diesem Entwicklungsmoment zwischen dem inneren Weg des Einzelnen und den Zukunftsaufgaben der Gemeinschaft – die im christlich-esoterischen Sinne auch eine Kultusgemeinschaft ist oder sein kann – nahm das Vaterunser seinen Weg durch die Zeiten und Kulturen, auf dem es sich bis heute befindet. Rudolf Steiner hat zum Fortgang dieses Weges Wesentliches beigetragen. Zu hoffen bleibt, dass sein Beitrag in Zukunft in größerem Maßstab gesehen, gewürdigt und aufgegriffen wird.

Meine kleine Studie ist *Friedrich Rittelmeyer* (1870–1938) gewidmet, dem bedeutenden Theologen und Mitbegründer der Christengemeinschaft, der an der Seite Rudolf Steiners arbeitete und bereits früh wichtige Studien zum Vaterunser vorlegte – aus der Innenerfahrung des religiösen, johanneisch betenden Menschen.

Arlesheim, September 2009 *Peter Selg*
Ita Wegman Institut

I. *«Der Respekt vor diesem Gebet»* Das Vaterunser im Lebensgang Rudolf Steiners

Ich bin in einer vollständig freigeistigen Umgebung aufgewachsen, und auch mein Studium hat mich zum Freigeistigen geführt. Mein eigener Bildungsgang war ein rein wissenschaftlicher.[22]

Wenig spricht dafür, dass Rudolf Steiner das Vaterunser-Gebet je in seinem Elternhaus hörte – eine «wirklich christliche Erziehung» habe er nie erhalten, so betonte er Ende 1913.[23] Sein Vater, der das Haus bestimmte, war ein «Freigeist» und allem Kirchlichen fern; er hatte – seit seiner Kindheits- und Jugendzeit im Umkreis eines Prämonstratenserstiftes[24] – einen größtmöglichen Abstand zur Kirche aufgebaut, sprach mit einzelnen Pfarrern, aber hielt sich und seine Kinder nach Möglichkeit abseits: «Er ging nie in die Kirche [...].»[25] Von einer «gewissen Selbstverständlichkeit gegenüber der religiösen Tradition», einer «selbstverständlichen Gleichgültigkeit», sprach Rudolf Steiner in einer autobiographischen Darstellung im Hinblick auf seine Familie und die Atmosphäre seiner frühen Kindheit («man kümmerte sich sozusagen nicht darum»[26]). Gemeinsame Gottesdienstbesuche jenseits der Taufe gab es nicht, und dass in seinem Elternhaus gebetet worden sei, berichtete Steiner nie.

Dennoch lernte Rudolf Steiner das Vaterunser sehr wahrscheinlich im Kultuszusammenhang kennen – in der Mitte seiner Kindheit, gegen das neunte Lebensjahr. Wie seine Schulkameraden war er zu dieser Zeit Messdiener in Neudörfl an der Leitha, einem kleinen Straßendorf südöstlich von Wien. Die Familie wohnte im Bahnhofsgebäude außerhalb des Ortes, fern aller Freunde; in der Schule und in der Sphäre der Kirche aber war Rudolf Steiner bei seinen Altersgenossen. In einer autobiographischen Darstellung schrieb er am Ende seines Lebens über diese Zeit: «Von tiefgehender Bedeutung für mein Knabenleben war die Nähe der Kirche und des um sie liegenden Friedhofes. [...] Wir Schulknaben hatten den Ministranten- und Chordienst zu verrichten bei Messen, Totenfeiern und Leichenbegängnissen. Das Feierliche der lateinischen Sprache und des Kultus war ein Element, in dem meine Knabenseele gerne lebte.»[27] In diesem Zusammenhang erklang ohne Zweifel auch das Vaterunser-Gebet.[28]

Trotz seinen naturwissenschaftlichen Studien an der Technischen Hochschule von Wien, seinem «rein wissenschaftlichen» Bildungsgang, der in der Auseinandersetzung mit dem materialistischen Positivismus und der zeitgenössischen Erkenntnistheorie stand, säumte der katholische Klerus immer wieder Steiners Weg. Fünfundzwanzigjährig lernte er den Zisterzienserpater und katholischen Universalgelehrten Wilhelm Anton Neumann kennen, mit dem er – im Freundeskreis der Dichterin Marie Eugenie delle Grazie – regelmäßig zusammenkam und Gespräche führte.[29] Ob Steiner in den bedeutenden Zisterzienserstiften in der Nähe von Wien, Heiligkreuz – der Heimat Pater Neumanns – und Lilienfeld, sporadisch Messen hörte, ist nicht bekannt. Im Vordergrund seines Lebens, seiner Arbeit und seiner Begegnungen stand für viele Jahre vollkommen anderes – und der Kritik des offiziellen Kirchenchristentums, die bereits sein Vater vertreten hatte, schloss Steiner sich mit deutlichen Worten an.[30] Gleichwohl blieb sein Interesse am geistigen Kern des Christentums davon unberührt und wach.

Rudolf Steiner studierte in Weimar – neben Goethe und Nietzsche – auch die christliche Philosophie des Mittelalters,[31] sprach im November 1900 in Berlin im Rahmen des «Giordano-Bruno-Bundes» über Thomas von Aquin[32] und gab seinen theosophischen Vorträgen, die zu gleicher Zeit begannen, einen entschieden christlichen Inhalt. Er stand damals – im Herbst 1900 – in seinem vierzigsten Lebensjahr. Reiche und tiefgehende geistige Erfahrungen, die das Christus-Ereignis betrafen, lagen zu diesem Zeitpunkt hinter ihm, in der Verborgenheit seiner inneren Biographie, über die wenig bekannt ist. *«Auf das geistige Gestanden-Haben vor dem Mysterium von Golgatha in in-*

nerster ernstester Erkenntnis-Feier kam es bei meiner Seelenentwickelung an», schrieb er andeutend in seinem Lebensrückblick.[33] Nach längerer Prüfung war Rudolf Steiner dazu bereit, in der Theosophischen Gesellschaft als Lehrer zu wirken und ihr Generalsekretariat für Deutschland zu führen, nicht jedoch, ihren orientalischen, Christentumsfernen Geist zu vertreten. Marie Steiner-von Sivers schrieb in einer Erinnerung an die Zeit um 1900 und Gespräche mit Rudolf Steiner: «Niemals, so sagte er, könne er etwas anderes tun, als auf den Unterschied zwischen beiden Geisteswegen hinzuweisen und auf die Notwendigkeit, den Entwicklungsweg des Abendlandes zu betreten. Ein bloßes Zurückgreifen zur alten Weisheit könne es nicht geben, sondern nur mit Einbeziehung alles seitdem intellektuell Erworbenen ein Vorwärtsschreiten auf dem Wege historisch bedingter Zusammenhänge innerhalb der menschlichen Geistesentfaltung. Die Lebensweisheit des Orients verdiene alle Bewunderung und allen Einfühlungswillen, habe aber nicht das Element der fortschreitenden geschichtlichen Entwickelung als wesentlichen Bestandteil in sich; dies müsse nun das Abendland hinzufügen. Er müsse dies als seine Aufgabe betrachten, vor die er gestellt sei. Im Mittelpunkt seines Wirkens würde das von Orientalen und orientalisierenden Strömungen in seiner Bedeutung nicht erkannte Mysterium von Golgatha stehen. – Dies habe ich oft aus seinem Munde gehört, schon im Herbst 1900, während eifrige Theosophen ihn bedrängten. Wer die Bestimmtheit dieser Worte vernahm, wusste, dass hier ein unbeugsamer Wille und eine geschichtliche Notwendigkeit sprachen.»[34]

Rudolf Steiners geisteswissenschaftliche Vortrags- und Lehrtätigkeit, die mit den Berliner Kursen *Die Mystik im Aufgang des neuzeitlichen Geisteslebens und ihr Verhältnis zur modernen Weltanschauung* (Winter 1900/1901) und *Das Christentum als mystische Tatsache* (Winter 1901/1902) einsetzte, wurde von Anfang an von Marie von Sivers bejaht. Steiner gab der theosophischen Geisteswissenschaft eine christozentrische Orientierung, und er stellte sie in die Geistes- und Kulturgeschichte des Abendlandes, obwohl er damit unter den Theosophen nur bedingt Verständnis fand.[35] Seine sporadische Zuwendung zum katholischen Klerus und zur christlichen Messe aber war selbst Marie von Sivers fremd. Sie hatte in ihrer eigenen Kindheit und Jugend, in Petersburg als Tochter eines Generalleutnants in russischen Diensten, keine Zisterzienser von der Qualität Pater Neumanns kennengelernt – in der Theosophie, nicht in der Kirche, fand sie schließlich die Zukunft. Im Verlauf ihrer ersten gemeinsamen Reise nach Italien, Ende 1906, wollte Steiner jedoch eine weihnachtliche Mitternachtsmesse im Markusdom besuchen, wo er mit Marie von Sivers auf eine verschlossene Tür stieß – eine heilige Messe zu dieser zentralen Stunde gab es dort nicht mehr: «Wohl hörten wir die Glocken, aber wir fanden keine einzige Kirche offen. Und doch hat niemand diesen Priestern verboten, einen Gottesdienst abzuhalten», schrieb von Sivers an den französischen Schriftsteller und Theosophen Edouard Schuré.[36] Ihrer Ablehnung der katholischen Priesterschaft von Venedig gab sie in weiteren Briefpassagen deutlichen Ausdruck: «Traurig, traurig sind die Kirchen, wenn die Feierlichkeit der Architektur zerstört wird durch das kleinliche Gehabe der Priester. Es ist, wie wenn sie mit kleinen Schrittchen vor ihren Aufgaben, die sie nicht mehr verstehen können, zurückweichen würden, mit ihren Priesterkleidern, die sie linkisch wie Frauenröcke umhüllen. Den Patriarchen von Venedig sahen wir gestikulierend, artikulierend, es war, wie wenn ein zweitklassiger Komödiant mit dem ganzen Temperament seiner Rasse eine lange Liebesromanze erzählen würde.»[37]

Marie von Sivers' Einschätzung wurde von Rudolf Steiner sehr wahrscheinlich geteilt – sie schrieb in der ersten Person Plural. Im Unterschied zu ihr aber gab Steiner den christlichen Kultus und Klerus nicht völlig verloren. Im selben Brief an Schuré schrieb sie: «Ich bin doch froh, dass Dr. Steiner in diesem Leben ein Stück seines alten Italien wiedergesehen hat[38] und ich werde alles tun, damit er nächstes Jahr einen Monat inkognito in Rom verbringen und sich an Ort und Stelle darüber klar werden kann, deutlicher als es anderswo möglich wäre, *wie seine Einstellung wird sein müssen gegenüber dem im Niedergang befindlichen Katholizismus.*»[39] Tatsächlich waren Rudolf

Steiner und Marie von Sivers im Sommer 1907 in Rom, wie auch in vielen folgenden Jahren. Seine «Einstellung zum im Niedergang befindlichen Katholizismus» aber veränderte Rudolf Steiner nur sehr bedingt und er freute sich, in Rom mit einigen Ordensgeistlichen Gespräche führen zu können – und mitunter eine Messe zu besuchen. Rudolf Steiner verblieb nicht nur in der katholischen Kirche, in die er durch seine Taufe kurz nach seiner Geburt aufgenommen worden war, sondern verfolgte das Schicksal des Christentums (und damit auch der christlichen Kirche) sehr genau, obwohl – oder gerade weil – auch er die Verfallserscheinungen in aller Deutlichkeit sah. Edouard Schuré hatte Marie von Sivers am 24. Januar 1907 auf ihren Venedig-Brief geantwortet: «Das alte Gebäude der römisch-katholischen Religion muss von oben bis unten zusammenstürzen, damit sich eine menschlichere und universellere Religion gestalten kann. Aber ich stelle mir vor, dass diese, indem sie sich erweitert, die wesentlichen Ideen und Riten des Christentums wieder aufnehmen wird, um sie durch eine neue Inspiration zu beleben.»[40] Damit lag Schuré nicht falsch – nur vier Tage später, am 28. Januar 1907, sprach Rudolf Steiner in einem Berliner Vortrag vor den Mitgliedern der Theosophischen Gesellschaft erstmals über das Vaterunser. Der Vortrag galt ausschließlich dieser Thematik.

*

Rudolf Steiners Darstellung (vgl. S. 99ff.) verstand sich als eine *«esoterische Auslegung des Vaterunser»*[41] und bewegte die Frage «nach dem christlichen Gebet» – seiner Eigenart und spezifischen Bedeutung. Sie stand im Kontext zahlreicher Betrachtungen zu den Mysterien des Christentums, die Steiner in diesen Wochen und Monaten anstellte.[42] Die geisteswissenschaftliche «Grundlage der Religion» bildete den Mittelpunkt seiner entsprechenden Vorträge, die sich in der Kontinuität christlich-esoterischen Denkens des Abendlands bewegten, wie Steiner am 28. Januar 1907 in Berlin auch explizit hervorhob. In diesem Licht wandte er sich dem Vaterunser zu Beginn eines Jahres zu, in dem er seine esoterische Schule aus der «Esoteric School of Theosophy» herauslösen und seine Schüler vor eine Entscheidung stellen sollte, welchen Weg der spirituellen Entwicklung sie künftig gehen wollten.[43] Die von ihm geleitete und verantwortete esoterische Schule beschrieb Rudolf Steiner als allein dem christlichen und christlich-rosenkreuzerischen Weg (und seinen Meistern) verpflichtet. Den Berliner Vaterunser-Vortrag (dem ähnliche Darstellungen in verschiedenen Städten folgten) gab Rudolf Steiner im Juli 1907 zur Publikation frei und wies verschiedene Male auf ihn hin – nur vier Wochen nach der Trennung der esoterischen Schulen. Bald darauf, im Herbst 1907, schrieb er über die Situation der Theosophischen Gesellschaft in einem Text für Edouard Schuré: «[Die] gedeihliche Fortentwickelung [der Theosophischen Gesellschaft] in den westlichen Ländern hängt ganz davon ab, inwiefern sie sich fähig erweist, das Prinzip der westlichen Initiation unter ihre Einflüsse aufzunehmen. Denn die östlichen Initiationen müssen notwendig das *Christusprinzip* als zentralen *kosmischen* Faktor der Evolution unberührt lassen. Ohne dieses Prinzip müsste aber die theosophische Bewegung ohne bestimmende Wirkung auf die westlichen Kulturen bleiben, die an ihrem Ausgangspunkte das Christusleben haben. Die Offenbarungen der orientalischen Initiation müssten für sich selbst im Westen sich wie eine Sektiererei *neben* die lebendige Kultur hinstellen. Eine Hoffnung auf Erfolg in der Evolution könnten sie nur haben, wenn sie das Christusprinzip aus der westlichen Kultur vertilgten. Dies wäre aber identisch mit dem Auslöschen des eigentlichen *Sinnes der Erde,* der in der Erkenntnis und Realisierung der Intentionen des *lebendigen Christus* liegt. [Diese] zu enthüllen in voller Weisheits-, Schönheit- und Tatform ist aber das tiefste Ziel des Rosenkreuzertums. Über den Wert der östlichen Weisheit als Studium kann nur die Meinung bestehen, dass dieses Studium von allerhöchstem Werte ist, weil die westlichen Völker den Sinn für Esoterik verloren, die östlichen sich ihn aber bewahrt haben. Über die *Einführung* der richtigen Esoterik im Westen sollte aber auch nur die Meinung bestehen, dass dies nur die rosenkreuzerisch-christliche sein kann, weil *diese* auch das westliche Leben geboren hat, und weil durch ihren Verlust die Menschheit der Erde ihren

Sinn und ihre Bestimmung verleugnen würde. Allein in dieser Esoterik kann die Harmonie von Wissenschaft und Religion erblühen [...].»[44]

Über Christian Rosenkreutz, dessen Individualität er in engster Beziehung zu den Ereignissen der Zeitenwende – ihrer Vorbereitung und ihrem Vollzug – sah,[45] sprach Rudolf Steiner in den nachfolgenden Jahren wiederholt. Er hielt große Evangelienzyklen und entwickelte Anfang 1910 in einem öffentlichen Berliner Vortrag die inneren Voraussetzungen und Umstände des christlichen Betens: «Das Wesen des Gebets». Es gehe darum, so Steiner, entgegen der verbreiteten Entstellung und Verfremdung des Betens, seiner egoistischen Verwendung und Karikatur – die sich längst auch innerhalb katholischer wie protestantischer Messen ereignete –, die wirkliche «Kraft» des Gebetes in der menschlichen Seele aufzusuchen und diese als Realität zu erkennen. In eindrucksvollen Darlegungen ging Steiner auf die anthropologischen Grundbegebenheiten des Betens in der Zeitstruktur der menschlichen Existenz ein und arbeitete heraus, wie durch die Innenwendung des Gebetes ein Anschluss an das geistig-göttliche Ich in Vergangenheit, Gegenwart und Zukunft zu finden ist, an seine wirklichen Entwicklungskräfte im Leben des Menschen.[46] Er differenzierte bereits zu Beginn seines Vortrages den Weg des Betens von der mystischen Versenkung und der geisteswissenschaftlichen Forschung, ließ jedoch keinen Zweifel daran, dass wesentliche Bedingungsvoraussetzungen und Übergänge zwischen diesen drei Tätigkeitsfeldern der menschlichen Geistseele bestehen. Rudolf Steiner sprach als ein inwendig erfahrener Mensch und auf der Basis langjähriger Übung:[47] «Stärken wir also das geistige Leben durch das Gebet, dann brauchen wir die Wirkungen nur abzuwarten. Sie werden sich einstellen. Aber es wird erst der die Wirkungen des Gebetes in der äußeren Welt suchen, der zunächst selber die Kraft des Gebetes als Realität erkannt hat. – Wer das erkannt hat, der möge einmal folgendes Experiment machen. Er möge, nachdem er zehn Jahre seines Lebens die Kraft des Gebetes verachtet hat, auf dieses zehnjährige, ohne Gebet verlaufene Leben zurückblicken; und möge zurückblicken auf einen zweiten Abschnitt, der auch schon vergangen ist, der wieder zehn Jahre dauerte, in welchem er die Kraft des Gebetes erkannt hat, und er möge beide Jahrzehnte vergleichen: er wird sehen, wie sich der Verlauf seines Lebens geändert hat unter dem Einfluss jener Kraft, die er mit dem Gebet in die Seele ergossen hat. Kräfte zeigen sich in ihren Wirkungen. Es ist leicht, Kräfte zu leugnen, wenn man ihre Wirkungen gar nicht hervorruft. Wie sollte der ein Recht haben, die Kraft des Gebetes zu leugnen, der gar nicht versucht hat, das Gebet in sich wirksam werden zu lassen! [...] Eine Kraft, die in der Seele und durch die Seele wirken soll, lernt man nur erkennen in ihrem Gebrauch.»[48] Im Hinblick auf das Vaterunser führte Steiner im Zusammenhang seines Vortrages unter anderem aus, dass dieses Gebet auch *meditiert* und damit Inhalt bzw. Gegenstand eines genuin geisteswissenschaftlichen Schulungsweges werden könne: «Aber man ist nie fertig mit einem Gebet, wie hoch man auch steht; denn es kann immer noch die Seele um eine Stufe höher bringen, als sie schon ist. Und das Vaterunser ist ein Gebet, das nicht nur gebetet werden kann, sondern das auch mystische Stimmung hervorrufen kann, und das auch der Gegenstand sein kann der höheren Meditation und Konzentration.»[49]

Bereits in seinen Vaterunser-Vorträgen hatte Rudolf Steiner drei Jahre zuvor hervorgehoben, dass das christliche Beten (und insbesondere das Vaterunser-Beten) in «wirklicher Gebetsstimmung» – ohne egoistischen Wunschcharakter, sondern in der Einordnung in den göttlichen Willen – eine meditative Qualität gewinnen könne: «Wird [...] diese Gemütsstimmung als die wirkliche Gebetsstimmung erreicht, dann ist das christliche Gebet genau dasselbe – nur mit einer mehr gefühlsmäßigen Färbung –, was die Meditation ist. Und nichts anderes war dieses christliche Gebet ursprünglich, als was die Meditation ist. Die Meditation ist nur mehr gedankenmäßig, und es wird durch sie versucht, durch die Gedanken der großen Führer der Menschheit den Zusammenklang mit den göttlichen Strömungen, die durch die Welt gehen, zu erreichen. Im Gebet wird dasselbe in einer mehr gefühlsmäßigen Art erreicht.»[50] Auch in Steiners esoterischer Schule spielte das Vaterunser-Gebet von daher eine gewisse Rolle, obwohl es – seinen eigenen Ausführungen zufolge – kein «Mantra» (oder «Mantram») im klassischen Sinne[51] ist: «Es ist kein eigentliches Mantram, obwohl es mantrische Kräfte haben kann. Es ist ein Gedankenmantram. Freilich hatte es in der Ursprache die größte Gewalt. Aber da es eben ein Gedankenmantram ist, so wird es seine Kraft nicht verlieren, und wenn man es in tausend Sprachen übersetzt.»[52] «Sein Gedankeninhalt ist ein so gewaltiger, dass er in keiner Sprache auch nur irgendwie Einbuße erleiden könnte.»[53] Das Vaterunser kann, so Rudolf Steiner, Inhalt tiefster Meditation sein; unter Hinweis auf einen der «Meister» sagte er in einer esoterischen Stunde vom 6. Februar 1910, kurz vor dem Berliner Vortrag über das «Wesen des Gebetes»: «Das Vaterunser, diese wunderbare Wiedergabe der siebengliedrigen Weltgesetzlichkeit, ist eine Meditation von großer Bedeutung, die manche Schüler täglich vornehmen. Mir ist einer derjenigen, die wir nennen die Meister der Weisheit und des Zusammenklanges der Empfindungen, bekannt, der sagte: Ich nehme das Vaterunser nur einmal im Monat als Meditation; die übrige Zeit versuche ich, mich reif und würdig zu machen, auch nur in einen Satz dieser wunderbaren Meditation mich vertiefen zu dürfen. – So muss man sich geistig einer Meditation gegenüberstellen, dass man sich würdig machen will, sie verwenden zu dürfen.»[54]

Rudolf Steiner selbst betete das Vaterunser häufig und mitunter auch laut – in Berlin hörte man sein Gebet in der Motzstraße 17 in einer angrenzenden Wohnung.[55] In einem (allerdings unzulänglich mitstenographierten) Vortrag des Jahres 1907 sagte er laut Nachschrift: *«Wir sollen das Vaterunser beten, und täglich.»*[56] In einer Fragenbeantwortung zum Vaterunser fünf Jahre später, im Juni 1912 nach einem Vortrag in Oslo, hieß es jedoch auch: «Der Respekt vor diesem Gebet wächst immer mehr, je mehr man hineinkommt. Es kommen [...] Zeiten, wo man wegen der Hoheit des Vaterunsers es sich nicht zu gestatten wagt, das ganze Vaterunser an einem Tag zu beten, da man von dem Zusammenwirken der sieben Bitten eine so große Vorstellung bekommt, dass man sich nicht für würdig hält, jeden Tag dieses größte Initiations-Gebet in seinem Herzen zu entfalten.»[57]

*

Seine Evangelienzyklen und christologischen Vorträge, aber auch die Stunden seiner esoterischen Schule stellte Rudolf Steiner mit dem Beginn des Ersten Weltkriegs im September 1914 ein – nicht dagegen die eigene okkulte Arbeit. In den Jahren des Krieges baute er in Dornach das Erste Goetheanum weiter, bezog in schriftlicher wie mündlicher Weise Stellung zum Zeitgeschehen und sprach oft über die Verstorbenen, auch im Hinblick auf ihre innere Begleitung. Auf das Vaterunser ging er in diesem Zusammenhang nicht erneut ein – zumindest nicht innerhalb seines mitstenographierten Vortragswerkes. Die Bedeutung des Vaterunser-Gebetes für die Verstorbenen thematisierten später einige seiner Schüler in eindrucksvoller Weise.[58]

Auch nach dem Krieg nahm Steiner die christologischen Darstellungen nicht mehr unmittelbar auf, obwohl ihn Friedrich Rittelmeyer – wie auch schon während des Krieges – um die Fortführungen seiner Vorträge über das sogenannte «Fünfte Evangelium»[59] bat («Während des Weltkriegs antwortete mir Rudolf Steiner: die ‹Astralwelt›, die ganze geistige Atmosphäre um die Erde her, sei jetzt zu unruhig, als dass solche Forschungen von ihm gemacht werden könnten. Nach dem Weltkrieg erwiderte er, dass für die Menschheit andere Arbeiten im Augenblick dringlicher seien.»[60]) Die Initiativen zur sozialen Dreigliederung sowie zur Neugestaltung einzelner Lebensfelder (wie der Pädagogik und Medizin) mit Hilfe der Anthroposophie standen im Vordergrund von Steiners Bemühungen. Das «Wort» der modernen Geisteswissenschaft sollte und musste zivilisationsgestaltend wirksam werden; hier, im Bereich der sozialen und wissenschaftlichen Tätigkeit, sollte ein genuin christlicher Wirkensimpuls zum Durchbruch kommen. Explizite Vorträge über Christologie mussten nun in den Hintergrund treten, zugunsten konkreter Taten. In diesen Arbeiten aber leuchtete das Vaterunser-Gebet immer wieder auf.

Kurz nach der Eröffnung der Stuttgarter Waldorfschule wurde Rudolf Steiner von einem Mitglied des Lehrerkollegiums im Verlauf einer Konferenz nach der Möglichkeit eines Morgengebetes für die Schulkinder – zu Unterrichtsbeginn – befragt («Würde es nicht gut sein, die Kinder eine Art Morgengebet sprechen zu lassen?»[61]). Steiner antwortete positiv, bat jedoch, mit dem Begriff des «Gebetes» zurückhaltend umzugehen: «Das ist etwas, was gemacht werden könnte. Ich hatte auch schon die Aufmerksamkeit darauf gewendet. Ich werde Ihnen morgen noch etwas darüber sagen; auch wegen eines Gebetes werden wir noch sprechen. Da würde ich nur Sie um eines bitten. Sehen Sie, bei diesen Dingen kommt es wahrhaftig auf Äußerlichkeiten an. Nennen Sie den Spruch niemals ‹Gebet›, sondern ‹Eröffnungsspruch der Schule›. Vermeiden Sie es, dass man aus Lehrermund den Ausdruck ‹Gebet› hört. Dann haben Sie das Vorurteil, dass es eine anthroposophische Sache sei, schon für ein gut Stück überwunden. Das meiste, was bei uns gesündigt wird, wird durch Worte gesündigt. Die Leute gewöhnen sich nicht ab, Worte zu gebrauchen, die uns schädlich sind.»[62] Rudolf Steiner brachte den Lehrern in den beiden folgenden Tagen eigene Sprüche für den Unterrichtsbeginn in der Unterstufe und für die Schüler ab der 5. Klasse mit – und äußerte sich zustimmend zu dem Vorschlag eines Lehrers, den Unterricht mit dem Sprechen des Vaterunsers zu beginnen: *«Ich würde es sehr schön finden, mit dem Vaterunser den Unterricht zu beginnen. Dann gehen Sie über zu den Sprüchen, die ich Ihnen sagen werde.»*[63] Während die von Rudolf Steiner vermittelten Sprüche tatsächlich in all den kommenden Jahren den Morgenbeginn der Waldorfschule prägten, wurde gleiches mit dem Vaterunser nicht vollzogen – aus nicht näher dokumentierten Gründen. Möglicherweise war einzelnen Mitgliedern des Lehrerkollegiums – wie auch Teilen der Elternschaft – die christliche Ausrichtung des Vaterunser-Gebetes allzu eindeutig. Steiner selbst hätte einen solchen Tagesbeginn begrüßt, auch wenn er die weltanschauungsfreie Qualität der Schule immer wieder betonte. In einer schwierigen pädagogischen Situation jedoch – nach der Begründung einer neuen Klasse, die aufgrund der Übergröße zweier Parallelklassen notwendig geworden war und zu der Herauslösung vieler Kinder aus ihrem bisherigen Klassenzusammenhang führte – empfahl Steiner den Einbezug des Vaterunsers zu Unterrichtsbeginn mit Nachdruck und Erfolg. Dem Zeugnis Martha Haeblers zufolge, die die neu gebildete Klasse als Lehrerin übernahm, gestaltete er die Zusammenführung der Klasse nicht nur selbst und stellte den Kindern ihre neue Lehrerin persönlich vor, sondern gab ihr das Vaterunser mit auf den Weg – sehr wahrscheinlich zur Unterstützung der neuen, sich ausbildenden Gemeinschaft: «Nun stand ich vor der Klasse, um den bekannten Morgenspruch mit den Kindern zu sprechen ‹Ich schaue in die Welt ...›, und bevor ich ein Lied anschließen konnte, forderte er uns auf, das Vaterunser gemeinsam zu sprechen, was dann auch durch die Jahre beibehalten wurde.»[64]

Auch in einer Englischstunde einer anderen Klasse meldete sich Steiner im Hinblick auf das Vaterunser einmal zu Wort. Rudolf Treichler, der Lehrer, beschrieb diese ungewöhnliche Situation mit den Worten: «Einmal in einer Englisch-Stunde, die ich in einer damaligen achten Klasse zu geben hatte, kam ich – einer Gewohnheit nach, die ich seither in allen Klassen der Mittelstufe beibehalten – dazu das *Vaterunser* in jenem kraftvollen, altertümlich gefärbten Englisch durchzunehmen, wie es ja heute noch in der englischen Bibel lebt. Da betrat Herr Dr. Steiner das Klassenzimmer und hörte – sich setzend – mit seiner gewohnten freundlichen Aufmerksamkeit still zu. Ich sprach das Gebet vor, die Schüler sprachen es nach, und als die Schlußworte verklungen waren: *For thine is the kingdom, the power and the glory, Amen* (=Denn dein ist das Reich und die Macht und die Herrlichkeit. Amen), da erhob sich plötzlich – und wider Erwarten – mit lebhafter Teilnahme Herr Dr. Steiner, trat zur Tafel, ergriff die Kreide und sagte: Liebe Kinder, ihr wisst alle, was ein kingdom, *ein Königreich* ist, und dass es eine gewisse Größe und Ausdehnung besitzt, die wir einmal so zeichnen wollen (dabei zeichnete er einen Kreis), ferner wisst ihr, dass der König in seiner Kraft meist in der Mitte des Reiches seinen Sitz hat, von wo seine ganze *Macht (=power)* ausgeht, die gerade bis an die Grenzen reicht (er zeigte den Mittelpunkt des Kreises und deutete einzelne Radien an). Weit hinaus aber über diese Grenze dringt sein *Ruhm (=glory)* und seine *Herrlichkeit* (angedeutet rings um den Kreis durch flutende Strahlen und Linien). Das Ganze aber ist das Bild –? fragte er: Der Sonne, antworteten froh ergriffen alle Kinder. Ja, das ist das Bild der Sonne, sagte hell und gütig Dr. Steiner, verabschiedete sich mit einem lieben Lächeln von uns, reichte mir die Hand und ging hinaus. Uns allen aber war es wahrhaftig, als ob ein heller Glanz in dem Schulzimmer zurückgeblieben wäre. Die Zeichnung ließen wir noch lange, lange an der Tafel stehen, und auch, als sie endlich wieder weggewischt war, überstrahlte sie noch immer unser gemeinsames Gebet zum Vater.»[65]

So war das Vaterunser-Gebet in verschiedener Weise in der Stuttgarter Waldorfschule unter Rudolf Steiner präsent, in den Jahren nach dem Ende des Ersten Weltkriegs – auch wenn es nicht zum Morgenspruch der Schule gehörte.

*

Drei Jahre nach der Eröffnung der Waldorfschule wurde im Herbst 1922 die Christengemeinschaft als «Bewegung für religiöse Erneuerung» begründet, auf Initiative junger Theologiestudenten und Pfarrer, die mit der Anthroposophie verbunden waren.[66] Rudolf Steiner half den Theologen in jeder Hinsicht – so wie er auch den Pädagogen der Stuttgarter Schule in allem zur Seite stand. Die kultischen Texte bzw. die «wesentlichen Ideen und Riten des Christentums» (Edouard Schuré) gestaltete Steiner für die junge Bewegung neu – aus urchristlichem Geist und unter den geistigen Bedingungen der Gegenwart, die er in spiritueller Hinsicht als «lichtes Zeitalter» beschrieb. Auch die Bedeutung, den Ort und den Stellenwert des Vaterunsers innerhalb der christlichen Messe thematisierte Rudolf Steiner in diesem Zusammenhang – und sagte am 11. September 1922 zu den Theologen in einem Vortrag, der die Elemente des neuen Kultus betraf: «Es ist ja in Bezug auf das Vaterunser bei allen Konfessionen in der neueren Zeit eine große Lässigkeit eingetreten. Das Vaterunser ist ursprünglich eigentlich ein Kompendium wichtigster Weltenwahrheiten, gespiegelt durch das menschliche Gefühl. Im evangelischen Bekenntnis wird das Vaterunser in einer, ich möchte sagen durchaus nicht immer genügend vorbereiteten Art gesprochen. Denken Sie nur daran, welche Feierlichkeit vorliegt für das Sprechen des Vaterunsers, wenn die Transsubstantiation vorangegangen ist und das Vaterunser an dieser Stelle [vor der Kommunion] eingefügt wird. Ich will nicht sagen, dass das Vaterunser deshalb von dem Gläubigen nicht so oft wie immer möglich gebetet werden soll. Aber selbst das einfachste individuelle Gebet, wie es das Vaterunser ist, wird – bei allen Fehlern des Römisch-Katholischen – von dem Gläubigen würdiger gebetet dadurch, dass der römische Katholik das Vaterunser hört an einer wichtigen Stelle der Messe. Das gibt der ganzen Stimmung, in der das Vaterunser gebetet wird, eine gewisse feierliche Nuance. Die katholische Kirche hat allerdings verstanden, diese feierliche Nuance bei den Gläubigen gründlich zu vertreiben, indem bei der Beichte, wenn ein Beichtkind seine Sünden dem Beichtiger bekannt hat, dieser ihm dann sagt: Bete zur Buße jeden Tag fünf Vaterunser. – Dieses Tauschgeschäft zwischen Sünde und Vaterunserbeten ist natürlich etwas Furchtbares und entheiligt alles, was das Vaterunser an heiliger Färbung bekommt, wenn es während der Messe gehört wird und dadurch immer diesen feierlichen Grundton behält. Das, was in dieser Beziehung die katholische Kirche auch noch dadurch erreicht, dass sie ja in der dem Gläubigen nicht verständlichen lateinischen Sprache spricht, das können Sie, wenn Sie während der Messe das Vaterunser rezitieren, ersetzen durch die Gewalt, mit der das Vaterunser gesprochen wird, denn ein bloßes Hersagen des Vaterunsers entspricht eigentlich nicht dem Grandiosen, das in dem Vaterunser liegt. Obwohl hier auch nicht in der leisesten Art dafür Stimmung gemacht werden soll, dass irgend etwas an Magie Grenzendes getan werde – das hat ja die katholische Kirche erreicht durch die lateinische Sprache –, ist dennoch zu sagen, dass die lateinische Sprache in einer gewissen Beziehung sich auch für ein unmagisches Wirken erweist als nuancierend die tiefen Wahrheiten des Vaterunsers, die niemals trivial werden sollten. Eine gewisse Berechtigung hat es ja, dass der Gebrauch der lateinischen Sprache solange fortgesetzt wurde zu gewissen Zwecken, die die Menschheit hinauslenken sollten aus dem Persönlichen. Aber heute muss das, was durch die lateinische Sprache im Vaterunser gegeben werden konnte, bei dem Vor-der-Gemeinde-Beten des Vaterunsers ersetzt werden durch die Gewalt des Sprechens. Der Gläubige muss das Vaterunser bei der Kultushandlung, gerade weil es sein tägliches Gebet ist, in einer über das gewöhnliche Sprachmaß hinausgehenden Weise hören. Die lateinische Sprache hat ja das Vaterunser so nachgebildet, dass es in einem gewissen Sinne ein Mantram ist:

Oremus. Praeceptis salutaribus moniti et divina
institutione formati, audemus dicere:
Pater noster, qui es in coelis:
sanctificetur nomen tuum:
adveniat regnum tuum:
fiat voluntas tua, sicut in coelo et in terra.
Panem nostrum quotidianum da nobis hodie,
et dimitte nobis debita nostra,
sicut et nos dimittimus debitoribus nostris.
Et ne nos inducas in tentationem.
Sed libera nos a malo.

Es muss von dem, was im lateinischen Vaterunser schon in einer mantrischen Weise da ist, wieder etwas übergehen in das Vaterunser, wenn es in der Messe an der Stelle zwischen der Transsubstantiation und der Kommunion gebetet wird.»[67]

Bereits zwölf Jahre vor der Begründung der Christengemeinschaft hatte Rudolf Steiner in seinem Berliner Vortrag über das «Wesen des Gebetes» im Februar 1910 in einer Andeutung gesagt: «Auf weitere Wirkungen des Gebetes einzugehen – das lassen Sie mich nur durchaus gestehen –, dazu ist die Gegenwart, wenn man sich auch noch so vorurteilslos in sie hineinstellt, noch gar nicht die rechte Zeit. Denn zum Begreifen dessen, dass ein Gemeindegebet, das heißt, das Zusammenfließen jener Kräfte, die aus einer betenden Gemeinde sich ergeben, erhöhte Geisteskraft und damit erhöhte Kraft der Wirklichkeit hat, um das zu begreifen, sind die Elemente in unserem Zeitverständnis noch nicht herbeigetragen. Daher begnügen wir uns mit dem, was heute als das innere Wesen des Gebetes vor unsere Seele getreten ist.»[68] Ein geistiges Wesen müsse helfen, so betonte Rudolf Steiner im Umkreis der Christengemeinschafts-Begründung, wenn ein Mensch ohne Kultus bete, damit dieses Beten eine volle geistige Realität werden könne.[69] Nun trug Steiner wesentlich dazu bei, dass das Vaterunser-Gebet in einer veränderten – inspirativ belebten (Schuré) – christlichen Kultushandlung vor einer Menschengemeinschaft wieder mit Vollmacht erklingen konnte. Der Priester sollte das Vaterunser innerhalb der «Menschen-Weihehandlung» zwischen Wandlung und Kommunion alleine beten –

innerlich mitbetend aber sollte die Gemeinde sein, im «Zusammenfließen der Kräfte».

*

Das kulturgestaltend «Neue» in der Pädagogik der Stuttgarter Waldorfschule und im Zelebrieren der Christengemeinschaft lag keinesfalls im Auftreten des Vaterunsers; dennoch war es ein Element ihres jeweiligen Geistes. In gewisser Hinsicht galt dies auch für die Medizin, damit für den Dreiklang von Wissenschaft, Heil- bzw. Erziehungs-Kunst[70] und Religion. In keinem seiner Ärztekurse thematisierte Rudolf Steiner das christliche Ur-Gebet, obgleich seine mantrischen Unterweisungen für Medizinstudenten und junge Ärzte in Zusammenhang mit ihm standen (wie auch die zentrale Grundsteinmeditation der Weihnachtstagung[71]). Seine allabendliche Arbeit mit der Ärztin Ita Wegman an der Ausarbeitung eines mehrbändigen medizinischen Lehrbuches (dessen erster Band 1925 unter dem Titel *Grundlegendes für eine Erweiterung der Heilkunst nach geisteswissenschaftlichen Erkenntnissen* erschien) aber begann Steiner mit dem lauten Sprechen des Vaterunsers im Stehen. Menschen, die sich in der Umgebung seines Ateliers befanden, konnten ihn hören.[72] Dieses Vaterunser-Gebet im Stehen führte Rudolf Steiner trotz seiner schweren Erkrankung bis in seine letzten Erdentage hinein fort[73] – einen Tag vor seinem Tod übergab er das korrigierte Manuskript des medizinischen Werkes Ita

Wegman mit dem Satz: «Bedeutsames ist in dem Buch gegeben worden»,[74] nachdem er noch kurz zuvor das einleitende Kapitel verfasst hatte («Wahre Menschenwesen-Erkenntnis als Grundlage medizinischer Kunst.»[75]) Eine «wahre Menschenwesen-Erkenntnis» von heilender Bedeutung sah Rudolf Steiner auch im Vaterunser enthalten – und bis zuletzt lebte er in seinem Geist, seiner Stimmung und seinem Inhalt. In seinen Auslegungen zeigte Rudolf Steiner auf, aus welchen Himmelskräften der ersten drei Vaterunser-Bitten die Umwandlung, Durchlichtung und Durchchristung des Irdischen zu leisten ist – in und aus dieser Dimension aber lebte und arbeitete er selbst, bis zu seinem letzten Erdentag, in unermüdlichem Einsatz für einen zivilisatorischen Neuanfang am Abgrund des 20. Jahrhunderts. Das Goetheanum wurde Rudolf Steiner durch Brandzerstörung genommen wie manches andere, in der Auseinandersetzung mit dem real Bösen, das seinen Weg – wie den der Urchristen – säumte und prägte. Aufgegeben aber wurde von ihm kein Tag und keine Stunde – er wirkte untergründig aus jener «Stimmung des Gebets», die er 1910 in Berlin so eindrucksvoll charakterisiert hatte. Steiner kannte viele heilige Texte und hinterließ ein umfangreiches mantrisches Werk; selbst aber lebte er bis zuletzt mit und in dem Christus-Gebet, das er als das höchste erachtete.

Welcher genaue Wortlaut des Vaterunsers von Rudolf Steiner in seinem Dornacher Atelier gesprochen wurde (und ob die zu Beginn der medizinischen Arbeit mit Ita Wegman gebetete Fassung mit derjenigen aus der Krankheitszeit identisch war), ist nicht sicher bekannt.[76] Mit den verschiedenen Übersetzungen des Gebetes hatte Steiner sich viel beschäftigt und einen Tag nach seinem ersten Vaterunser-Vortrag vom 28. Januar 1907 in Berlin innerhalb einer esoterischen Stunde gesagt: «In deutscher Sprache gesprochen, wirkt *fast* nur noch der zugrunde liegende Gedanke. Besser schon wirkt das lateinische ‹Pater noster›, aber die ganze Kraft und Fülle kommt nur in der aramäischen Ursprache zum Ausdruck.»[77]

Einem kleinen Kreis von Menschen gab Rudolf Steiner – möglicherweise auf Bitten der Einzelnen – eine eigene Fassung des Vaterunsers. Näheres über diesen Text, der in verschiedenen Varianten (nicht jedoch in der Handschrift Rudolf Steiners) erhalten blieb, über seine Entstehungsumstände und die Zeit seiner genauen Niederschrift (die in die Jahre vor dem ersten Weltkrieg fiel[78]), ist nicht bekannt. Marie Steiner-von Sivers zufolge sprach Steiner von ihm als dem «esoterischen Vaterunser» bzw. dem «Vaterunser der Apostel».[79] Auch der altkatholische Pfarrer Hugo Schuster, der Mitglied der esoterischen Schule war, wusste um diese Fassung des Gebetes. Schuster sprach sie nachweislich auf einer katholischen Bestattung im Oktober 1920, in Gegenwart Rudolf Steiners.[80] Ein eigenes Bestattungsritual hatte Steiner Schuster bereits im Winter 1918/19 übergeben.[81]

Da Ita Wegman den Text des «esoterischen Vaterunsers» in einem ihrer Notizbücher festhielt und eine Abschrift ihrer Schwester Charlien Hupkes mit der Bemerkung übergab, Rudolf Steiner habe dies mit ihr jeweils vor Beginn der Arbeit an dem medizinischen Buch gebetet,[82] kann möglicherweise davon ausgegangen werden, dass es der Wortlaut des «esoterischen Vaterunsers» war, der im Atelier noch bis zuletzt erklang:[83]

Vater, der du warst, bist und sein wirst in unser aller innerstem Wesen!

Dein Wesen wird in uns allen verherrlicht und hochgepriesen.

Dein Reich erweitere sich in unseren Taten und in unserem Lebenswandel.

Deinen Willen führen wir in der Betätigung unseres Lebens so aus, wie du, o Vater, ihn in unser innerstes Gemüt gelegt hast.

Die Nahrung des Geistes, das Brot des Lebens, bietest du uns in Überfülle in den wechselnden Zuständen unseres Lebens.

Lasse Ausgleich sein unser Erbarmen an anderen für die Sünden an unserem Wesen begangen.

Den Versucher lässt du nicht über das Vermögen unserer Kraft in uns wirken, da in deinem Wesen keine Versuchung bestehen kann; denn der Versucher ist nur Schein und Täuschung, aus der du, o Vater, uns durch das Licht deiner Erkenntnis sicher herausführen wirst.

Deine Kraft und Herrlichkeit wirke in uns in die Zeitläufe der Zeitläufe.[84]

II. *«Herr, lehre uns beten»* Christus und die Jünger

Dem Evangelisten Matthäus zufolge übergab Christus Jesus seinen Jüngern das Vaterunser-Gebet in der ersten Zeit ihres Zusammenseins, auf einem Berg in Galiläa und innerhalb einer längeren, intimen Unterweisung, die später unter dem Namen «Bergpredigt» bekannt wurde – obwohl es keine Predigt im heutigen Verständnis des Wortes war. Karl Friedrich Althoff schrieb: «Auf der hohen Stätte der Bergpredigt entfaltet Christus nach dem Zeugnis des Matthäusevangeliums zum ersten Mal sein Wesen im Wort vor den ersten Jüngern. Hier beauftragt er sie, sein Werk zur Vollendung zu führen. Er lehrt sie, den verborgenen Vatergott als den Daseinsgrund der Welten im Seelenwesen des Menschen betend anzurufen. Christus legt neuen Grund zu Sein, Schaffen und Erkennen im Leben vor der sich öffnenden Vatergotteswelt, mit dem Nächsten als Menschenbruder. In der kompositorischen Mitte der Unterweisung steht das Vaterunser. Zugleich nimmt es die Mitte innerhalb einer dreifachen Neubegründung des Menschen ein: in dessen Verhalten zu der menschlichen Umwelt (Erbarmen), zu der Gotteswelt (Gebet), zu sich selbst (Fasten).»[85] Der Unterweisung auf dem Berg war die verkündende und heilende Tätigkeit Christi in Galiläa vorausgegangen – viele Menschen waren ihm gefolgt. Dann hatte sich Christus Jesus auf den «Berg» zurückgezogen, in der alleinigen Begleitung seiner Jünger. Er «ließ sich», so Matthäus, «nieder» und seine Jünger «traten zu ihm»,[86] in einem Vorgang der Innenwendung, der Sammlung und Konzentration.[87]

Friedrich Rittelmeyer sprach von der «Bergpredigt» als einer «Schule des Gebets»[88] – in der genauen Mitte seiner Unterweisung ging Christus auf den Weg und die Weise des Betens ein, als einer Beziehung zu Gott, die das ganze Sein und Handeln des Menschen zu durchdringen vermag: «Achtet darauf, dass ihr die Ausübung eurer Frömmigkeit nicht zu einem Schauspiel für die Menschen macht; sonst habt ihr keinen Lohn bei eurem Vater in den Himmeln. Also: wenn du Wohltätigkeit übst, so posaune es nicht vor dir her, wie die Scheinheiligen es tun in den Synagogen und auf den Straßen, damit sie von den Menschen gerühmt werden. Amen, ich sage euch: Sie haben ihren Lohn schon empfangen. Wenn du Wohltätigkeit übst, soll deine Linke nicht wissen, was die Rechte tut, damit dein Wohltun im Verborgenen geschehe; und dein Vater, der im Verborgenen sieht, wird es dir vergelten. Und wenn ihr betet, sollt ihr nicht sein wie die Scheinheiligen; sie stellen sich gern in den Synagogen und an den Straßenecken auf und beten dort, um von den Menschen gesehen zu werden. Amen, ich sage euch: Sie haben schon ihren Lohn. Du aber, wenn du beten willst, gehe in deine Kam-

Liebe Leserin, lieber Leser,

mit dieser Karte können Sie uns Ihre Fragen und Wünsche oder Ihre Meinung zum Buch mitteilen.

Diese Karte entnahm ich dem Buch: ______________________________

Meine Meinung zu diesem Buch:

Ich habe folgende Fragen / Wünsche:

mer, schließe deine Türe zu und bete zu deinem Vater, der im Verborgenen ist; und dein Vater, der im Verborgenen sieht, wird es dir vergelten. Beim Beten sollt ihr nicht leere Worte reden wie die Heiden; sie meinen, durch ihre vielen Worte Erhörung zu finden. Darum macht es nicht wie sie; euer Vater weiß ja, wessen ihr bedürft, schon ehe ihr ihn bittet. Darum sei dies euer Gebet:

Vater unser, der du bist in den Himmeln,
geheiligt werde dein Name,
dein Reich komme,
dein Wille geschehe,
wie im Himmel also auch auf Erden.
Unser tägliches Brot gib uns heute,
und vergib uns unsere Schulden,
wie auch wir vergeben unseren Schuldigern,
und führe uns nicht in Versuchung,
sondern erlöse uns von dem Bösen.

Denn wenn ihr den Menschen ihre Verfehlungen vergebt, wird euer himmlischer Vater auch euch vergeben. Wenn ihr den Menschen nicht vergebt, wird auch euer Vater eure Verfehlungen nicht vergeben.»[89] An einer späteren Stelle seiner Ansprache wies Christus die Jünger darauf hin, dass ihr Gebet gehört – oder erhört – werde, sofern es sich in der richtigen inneren Haltung vollzieht («Bittet, und es wird euch gegeben; / Suchet, und ihr werdet finden; /

klopfet an, und es wird euch aufgetan. / Denn jeder, der bittet, empfängt; / und wer sucht, der findet, / und wer anklopft, dem wird aufgetan.»[90]) Bereits unter den Menschen gebe jeder Vater seinem Sohn das von diesem Erbetene – «Da nun ihr, die ihr am Bösen teilhabt, doch euren Kindern gute Gaben zu geben versteht, um wieviel mehr wird euer Vater in den Himmeln Gutes geben denen, die ihn bitten!»[91]

«Erschüttert», so Matthäus, waren die, die sie hörten, von der «Bergpredigt»,[92] der – so Rudolf Steiner – «bedeutsamsten Offenbarung des Christentums».[93] Eine vollkommen neue Perspektive auf das Sein des Menschen hatte sich ihnen eröffnet, auf sein Leben und Verhalten in einer gottgeschaffenen Welt, auf den «Du»-Charakter menschlicher Existenz – in der Beziehung zum Seinsgrund der Schöpfung, aber auch zum anderen Menschen, dem Fernsten und Nächsten. Das Herz der existentiellen und radikalen Lehre, der realen *Neuwerdung* aber war das Gebet zum Vater, das Christus den Jüngern als Gemeinschaft gab: «Darum sei dies euer Gebet».

Auch der Evangelist Lukas legte Zeugnis von der Übergabe des Vaterunsers an die Jünger ab. Lukas zufolge ereignete sich diese zu einem späteren Zeitpunkt – *nach* der Aussendung und Rückkehr der siebzig Jünger zur lehrenden und heilenden Tätigkeit, nach dem Gleichnis vom guten Samariter und der Einkehr bei Martha und Maria. Maria, «der Mensch des Gebetes und der sakramentalen

Andacht» (Bock[94]), hatte sich zu Füßen des Christus Jesus niedergelassen und seinen Worten zugehört: «Martha aber, die völlig mit der Bewirtung der Gäste beschäftigt war, trat an ihn heran und sagte: Herr, kümmert es dich nicht, dass meine Schwester mir die Arbeit allein überlässt? Sage ihr doch, sie möge mir zur Hand gehen. Der Herr gab ihr zur Antwort: Martha, Martha, um vieles machst du dir Sorge und Unruhe; wenig ist nötig oder nur eines.»[95] Von diesem «einen», wesentlichen und notwendigen, berichtete Lukas im direkten Anschluss – in seiner Mitteilung über das Vaterunser, die unmittelbar auf die Schilderung der Begegnung mit Martha und Maria erfolgte: «Einstmals weilte er an einem Orte, um zu beten, und als er innehielt, da geschah es, dass einer von seinen Jüngern zu ihm sagte: Herr, lehre uns beten, wie auch Johannes seine Jünger gelehrt hat. Da sagte er zu ihnen: Wenn ihr betet, so sprecht:

Vater, geheiligt werde dein Name.
Dein heiliger Geist komme auf uns und läutere uns.
Unser Brot, dessen wir bedürfen, gib uns täglich.
Und vergib uns unsere Sünden; denn auch wir selbst
Vergeben jedem, der schuldig wird an uns.
Und führe uns nicht in Versuchung.[96]

Auch Lukas zufolge sagte Christus die Erhörung des Gebetes zu («Bittet, und euch wird gegeben ...»). Der

Vater aus dem Himmel werde «heiligen Geist» denen senden, die ihn darum bitten.[97]

*

In Lukas' Schilderung erfolgte die Übergabe des Vaterunsers auf *Bitten* eines namentlich nicht genannten Jüngers und im Anschluss an das Beten Christi, das die Jünger miterlebt hatten – in einem «Innehalten», einer «Pause» in Christi Beten.[98] Christus Jesus betete oft zu seinem Vater – beginnend mit dem Taufvorgang im Jordan, dem Anbeginn seines dreijährigen Wirkens, wie ebenfalls Lukas beschrieb: «Als das ganze Volk getauft wurde und auch Jesus sich taufen ließ, da geschah es: *Während er betete,* öffnete sich der Himmel, und der heilige Geist senkte sich in Gestalt einer Taube auf ihn herab; und aus dem Himmel ertönte ein Ruf: Mein Sohn bist du, Ich habe dich heute gezeugt.»[99] Insbesondere das Johannes-Evangelium deutet auf die fortwährende Gebetshaltung des Christus hin, worauf Friedrich Rittelmeyer aufmerksam machte: «Durch das Johannesevangelium hindurch kann man Christus selbst in seinem inneren Leben erschauen. Ein unausgesetztes inneres Sprechen mit dem Vater ist der Hintergrund alles seines äußeren Lebens. [...] Auch die anderen Evangelisten berichten uns in aller Klarheit, wie das ganze Leben Christi aus dem Gebet geboren ist, wie es vom Gebet überall getragen wird, wie es in lauter

Gebet ausgeht. Im Johannesevangelium aber kommt dieses unausgesetzte Sprechen mit dem Vater so nah wie nur möglich an uns heran.»[100] Nicht zuletzt die Gebete Christi am Grab des Lazarus, beim letzten Abendmahl, im Hain Gethsemane und auf dem Hügel von Golgatha wurden von den Jüngern – in Fragmenten – überliefert. Häufig betete Christus Jesus jedoch für sich allein, in der Einsamkeit: «In der Frühe, als es noch dunkel war, stand er auf und begab sich an einen einsamen Ort, und dort betete er.»[101] «Er zog sich abseits an einen einsamen Ort zurück.»[102] «Er begab sich in einsame Gegenden und betete.»[103] «Er ließ die Menge von sich und stieg hinauf auf den Berg, ganz für sich (in sein Eigenes und Eigentliches), um zu beten.»[104] «Er entwich wiederum auf den Berg, er allein.»[105] Immer wieder zog sich Christus demnach auf einen «Berg» – oft auf den Ölberg – zurück zum Beten. Die Verklärung auf dem Berg Tabor ereignete sich vor den Augen der Jünger während Christi Gebet («in seinem Beten wurde das Aussehen seines Gesichtes anders»[106]) – «*während* er betete, *dadurch*, *dass* er betete, begann der Vorgang der Verklärung», schrieb Rudolf Frieling,[107] der den «Gebets-Einsamkeiten des Christus Jesus» in einer unübertroffenen Studie nachging.[108] Auch in Gethsemane wandte sich Christus Jesus allein, abseits von den letzten drei Jüngern, betend an seinen Vater.[109] Wenige seiner Gebete wurden daher von den Jüngern in direkter Weise gehört und fanden später Eingang in die Evangelien –

dennoch erlebte der Kreis der inneren Gemeinschaft das Geschehen oft aus naher Entfernung mit. Christus Jesus rief seinen Vater im Gebet an; er «ruhte im Zentrum seines Ich-Wesens» (Frieling[110]) und suchte die Vereinigung mit dem vatergöttlichen Willen, vor allen wichtigen Entscheidungen und in seinem ganzen Dasein («nicht was ich will, sondern was du willst»[111]). Über die Berufung der inneren Jüngergemeinschaft schrieb Lukas: «In jener Zeit geschah es, dass er [Christus Jesus] hinausging auf den Berg, um zu beten. Die ganze Nacht verbrachte er im Gebet zu Gott. Und als es Tag wurde, rief er seine Jünger herbei und erwählte zwölf von ihnen [...].»[112] Aus der Innenwendung des nächtlichen Gebets zum Vater erfolgte die Auswahl und Berufung der Zwölf am Morgen. Auch beim Vollzug der Krankenheilungen wandte sich Christus aufblickend zum Vater[113] – und noch am Kreuz betete er für seine Feinde, im Geist der «Bergpredigt» («Liebet eure Feinde und *betet* für eure Verfolger; so werdet ihr Söhne eures Vaters in den Himmeln.»[114]). «Und als sie an die Stätte kamen, die Schädelstätte genannt wird, kreuzigten sie dort ihn und die Verbrecher, den einen zur Rechten, den andern zur Linken. Jesus sprach: *Vater, vergib ihnen, denn sie wissen nicht, was sie tun.*»[115]

Christus Jesus betete mitunter vernehmbar laut, in öffentlichen Situationen; oft – viel öfter – jedoch im Verborgenen, in der Stille eines abgelegenen Ortes. Wie Matthäus berichtete, erfolgte Christi Aufforderung zu einem solchen *verborgenen* Beten auch vor der Übergabe des Vaterunsers. Karl Friedrich Althoff übersetzte die entsprechende Sätze mit den Worten: «Wenn ihr nun betet, so werdet ihr nicht sein wie die Schausteller; denn diese lieben es, sich in den Versammlungsstätten (Synagogen) und an den Straßenecken hinzustellen, um zu beten. Damit wollen sie den Menschen in die Augen fallen, Wahrlich, ich sage euch: sie haben (darin) ihren Lohn. Du aber, wenn du betest, gehe in deine Kammer, und nachdem du deine Tür verschlossen hast, rufe betend zu deinem Vater, der im Verborgenen ist. Und dein Vater, dessen Blick du im Verborgenen begegnest, wird dich beschenken.»[116] Christus, so Althoff, zog das Gebet aus der Öffentlichkeit des Tempel- und Synagogendienstes heraus und verlegte es «in das Ureigene der erwachenden Ichheit»,[117] in das «Kämmerlein», die Schatz- oder Vorratskammer, das aber heißt: in das Ich-Organ des menschlichen *Herzens*, wie Thomas von Aquin betonte.[118] Christus respektierte die alten Orte des Gottesdienstes und sprach (mit Jesaja[119]) vom Tempel als einem – heilig zu haltenden – «Bethaus»;[120] vollziehen aber muss sich die Gotteszuwendung des Gebetes im menschlichen Ich, wo auch immer dieses Ich sich örtlich befindet. Auf die Frage der Samaritanerin, *wo* die Stätte der richtigen Anbetung sei – im Heiligtum auf dem Berg Garizim oder im Tempel von Jerusalem –, antwortete Christus, diese Unterscheidung werde in Zukunft hinfällig sein: «Es kommt die Stunde und jetzt ist sie da, dass die wahrhaften Gottesverehrer dem Vater dienen werden im Atem des Geistes und im Erkennen der Wahrheit. Und der Vater sucht solche Anbeter. Gott ist Geist, und die ihn anbeten, müssen im Atem des Geistes und im Erkennen der Wahrheit anbeten»[121] – unabhängig vom Ort.

Christus sprach von einem Beten in wesentlichen Worten, in der Hinwendung zur Kraft des Wortes, zu seinem Logos-Wesen. Keine «leeren Worte» sollte das Gebet enthalten – «zerhackt, zertrümmert nicht (mit Eurem Betteln) die Logoskraft!», bedeutete die entsprechende Aufforderung nach Althoff im Geist der griechischen Sprache.[122] Christus sprach von der Notwendigkeit einer reinen Erhebung, ohne Artikulation persönlicher Wünsche («euer Vater weiß ja, wessen ihr bedürft, schon ehe ihr ihn bittet»[123]), mit der Bereitschaft, sich friedlich und vergebend zur Welt zu stellen. «Der Betende wird sein Beten nur dann zu Wirklichkeit und Wirksamkeit bringen, wenn er Frieden in sich trägt und Frieden stiftet mit seiner Umwelt» (Althoff[124]).

Christus lehrte seine Jünger den Vater anzusprechen – seinen Vater und ihren Vater –, in einer bewusstseinsgeschichtlichen Wendung, die einen außerordentlichen Charakter hatte: «[Nur] *einer* unter allen Tausenden des Volkes durfte [im Alten Testament] diesen Gottesnamen aussprechen: der Hohepriester. Und nur *einmal* im Jahr: am großen Versöhnungstag. Und nur an einem *einzigen* Ort: im Allerheiligsten des Tempels. Und nur unter *einer*

Bedingung: nach Entsühnung des ganzes Volkes.» (Rittelmeyer[125]) «Ich habe ihnen deinen Namen kundgetan», sagte Christus im «Hohepriesterlichen Gebet» zu seinem Vater über die Jünger.[126] – Der angerufene Vater ist «im Himmel», zugleich jedoch in Beziehung zum Ich des Menschen. Thomas von Aquin schrieb erläuternd: «Er [Gott] ist uns ganz nahe. ‹Der du bist im Himmel›, das heißt recht verstanden: in den Heiligen; in ihnen wohnt Gott, Jer 14,9: ‹Du bist in uns, Herr.› [...] Da einige behaupten, Gott kümmere sich infolge seiner Erhabenheit um die menschlichen Dinge nicht (Hiob 22, 14: ‹Der auf den Polen des Himmels wandelt, achtet das Unsrige nicht›), muss dagegen betont werden, dass er uns nahe ist, ja in unserem innersten Grunde wohnt.»[127] – Die Anrufung des Vaters sollte aus diesem «innersten Grunde» erfolgen und mit der Bitte um die Heiligung oder Verherrlichung des göttlichen Namens immanent verbunden sein, seiner fortwährenden Weihe, entgegen der Tendenz eines jeglichen Missbrauchs – «dass die Heiligkeit Gottes erkannt werde» (Thomas von Aquin[128]). «Ihr sollt meinen heiligen Namen nicht entweihen, damit ich heilig gehalten werde unter den Israeliten», steht bereits in den mosaischen Schriften des Alten Bundes.[129]

Das Sein des Vatergottes, aber auch das kommende «Reich» lehrte Christus in Beziehung zum Ichwesen des Einzelnen – nicht als externe Macht und Wirklichkeit, sondern als Verwirklichungsziel des Einzelnen und der

Gemeinschaft. «Das Reich Gottes ist inwendig in euch!», sagte Christus nach Lukas.[130] Das Reich Gottes – als Wirkungssphäre des Sohnes – ist angebrochen und im Wachsen: «Wenn ich mit dem Finger Gottes Dämonen austreibe, so ist das Reich Gottes schon gekommen.»[131] Das innere Wachstum des Einzelnen und seine Bitte um Teilhabe am Himmelreich («Herrsche in unserem Herzen» – Thomas von Aquin[132]) zielt auf die Mitwirkung des Christ-durchdrungenen Menschen am Einzug des Kommenden, in der Gegenwart bereits Angebrochenen: *«Betet zum Herrn der Ernte, dass er Arbeiter in seine Ernte sende»*, sagte Christus nach Matthäus zu den Jüngern,[133] die selbst diese Arbeit in hervorragender Weise leisten sollten. «Wer dieses Wort [Dein Reich komme zu uns] betend in sich bewegt, kann in den ganzen Menschen hineinwachsen: Durch den Menschen kommt das Kommende.» (Althoff[134]).

Zieht das Reich Gottes auf diese Weise in das Ich des Menschen ein und durchdringt der göttliche Wille die Sphäre des Irdischen, so bereitet die Gemeinschaft die Neuwerdung der Erde vor, ihre Verwandlung durch Christus. Die Jünger waren das primäre Organ von Christi Wirksamkeit – als Einzelne und als Kreis, als Ur- und Vorbild künftiger Menschengemeinschaft.[135] Sie waren zur Arbeit an der Erde aufgerufen – in Lehre und Heilung, aber auch durch die Führung ihres persönlichen Lebens, ihr verwandeltes Sein zur Mitwelt, als *«Salz der Erde»*.[136]

Friedrich Rittelmeyer schrieb in seiner Vaterunser-Auslegung: «Zuerst wird in der dritten Bitte die Erde genannt: Dein Wille geschehe wie oben in den Himmeln also auch auf Erden! Die Erde wird also zunächst überleuchtet von dem göttlichen Willen. Sie wird angeschlossen an die Himmel als deren unterstes Glied. Sie empfängt ihre Weihe als die Stätte, wo der göttliche Wille zur Herrschaft kommen soll: *wie oben in den Himmeln.*»[137] Die Jünger sollten im Umgang mit den Gütern der Erde, mit jedem Du, aber auch mit den Gefahren des Bösen, einen vorbildlichen Weg gehen – aus ihrem Zusammensein mit Ihm («Begnadet sind die Augen, die sehen, was ihr seht.»[138]). Die letzten vier Bitten des Vaterunser-Gebetes galten diesem Weg, in der Umsetzung des «Reiches Gottes», in der Verwirklichung seines «Willens» und in der Heiligung seines «Namens» *auf Erden.*

Matthäus und Lukas berichteten nichts über den weiteren Umgang der Jünger mit dem Vaterunser. Wie das Gebet in der Gemeinschaft und im Einzelnen lebte – und ob die Jünger es mit Christus gemeinsam beteten –, wurde nirgendwo dokumentiert. Da das Gebet den Jüngern in besonderer Weise übergeben und anvertraut worden war, hatte es aber mit Sicherheit eine zentrale Bedeutung für ihren Kreis. Wiederholt kam Christus Jesus auf das den Jüngern Übergebene zurück, in Anlehnung und im wörtlichen Bezug. Er betete – nach Lukas – für Petrus und die Gemeinschaft in ihrer Anfechtung durch das Böse

(«Simon, Simon, siehe: Der Satan hat sich ausbedungen, euch sieben zu dürfen, wie man den Weizen siebt; doch habe ich für dich gebetet, dass deine Glaubenskraft nicht versiege; und du, wenn du dich einmal wiedergefunden hast, stärke deine Brüder!»[139]). Noch in Gethsemane forderte Christus die Jünger auf, die sechste Bitte ihres Vaterunsers zu beherzigen: *«Wachet und betet, damit ihr nicht in Versuchung kommt.»*[140] Wenige Stunden zuvor, nach dem letzten Abendmahl, hatte er sich in seinem Gebet an den Vater erneut für sie verwandt: «Ich bitte nicht, dass du sie von der Welt fortnimmst, sondern dass du sie vor dem Bösen bewahrst».[141] An Christus konnten die Jünger bis zuletzt erfahren, wie ein Leben in der Substanz des Vaterunsers sich konsequent vollzieht – auch wenn Christus die letzten vier menschlichen Bitten nicht für sich selbst, sondern für sie (und alle Menschen) gesprochen hatte. ER lebte jenseits von Schuld, Versuchung und dem Bösen, begegnete ihnen jedoch auf Erden, in der Lebenssphäre der Menschen.

*

Den Forschungen Rudolf Steiners zufolge hatte die Übergabe des Vaterunsers an die Jünger eine lange Vorgeschichte – und war bereits mit dem Schicksal Jesus von Nazareths in den Jahren vor der Taufe verbunden. In seinen Vorträgen über das Fünfte Evangelium schilderte Steiner den inneren Weg Jesu zum Jordan und zu Johannes dem Täufer – die Vorbereitung jener Christusinkarnation, die sich im Jordan anfänglich vollzog, um dann die drei Erdenjahre des Christus Jesus weiter zu bestimmen, als Prozess einer sich steigernden Verbindung des Gotteswesens zum Leib, der in Golgatha kulminierte und zum Abschluss kam.[142] Jesus war mit besonderen – «nathanischen» und «salomonischen»[143] – Voraussetzungen angetreten und durchlief ab seiner Jugend leidvolle Entwicklungen, die ihm den Verfall der alten, ehemals kulturbestimmenden Spiritualität – und, in eins damit, die Bedrohung und Zerstörung der Menschenseelen – unmittelbar ansichtig machten. Er erlebte, so Steiner, den Untergang der alten jüdischen Geistkultur, die ihre Inspirationsquellen verlor und zur Tradition erstarrte; er wurde aber auch Zeuge des Niedergangs der heidnischen (Mithras-)Mysterien Palästinas – und des letztendlichen Scheiterns der Essäer, die ihre eigene Reinheit auf Kosten anderer erwarben, in einer Weise des spirituellen Rückzugs, dem keine weiterführende Bedeutung für die Menschheit zukam.[144] Den Verfall der heidnischen Mysterien, die zweite, mittlere Etappe seines dreistufigen Leidens-Weges, der dem Jordan-Ereignis vorausging, erlebte Jesus in besonders dramatischer Weise: die alten Altäre des Kultus waren von Dämonen erobert, führten zur Erkrankung der Menschen und hatten eine zerstörende Funktion. In seiner Begegnung mit dieser Situation, dem gefallenen Altar, den geflohenen Priestern, den Dämonen und der Pein der Menschen, geriet Jesus, so Rudolf Steiner, in einen Entrückungszustand. Er wurde «in den Bereich des Sonnendaseins» versetzt und hörte Worte «wie aus den Sphären des Sonnendaseins herausklingend».[145] Das von Jesus in diesem Ausnahmezustand inspirativ Wahrgenommene war, so Rudolf Steiner, «das Geheimnis der heidnischen Uroffenbarung»[146] bzw. die «Urlehre der heidnischen Menschheit»,[147] das «allwaltende Gebet» der alten Mysterienstätten[148] – deren definitiver Verfall die gesamte Situation bestimmt. Der *Inhalt* dieses alten Gebetes der Kultstätten war, so Steiner, das «Geheimnis der Menschheitwerdung»[149] – in mantrischer Form verdichtet lebte eine Inkarnationslehre des Menschen in den alten spirituellen Hochkulturen und an den Orten ihres kultischen Daseins. Das «Geheimnis des sich einkörpernden Menschen, der aus dem Makrokosmos in den Mikrokosmos kommt»[150] bzw. das «Geheimnis des ganzen Eingekörpertseins des Menschen in die physisch-irdische Leiblichkeit, des Verbundenseins mit der physischen Erdenleiblichkeit»[151] wurde an den Mysterienorten gewusst, damit auch die Entfremdung des Menschen von seiner geistigen Heimat, dem kosmischen Dasein. Den Wortlaut des «allwaltenden Gebets» der alten Mysterienstätten, den Jesus von Nazareth hörte, teilte Rudolf Steiner am 20. September 1913 erstmals mit:

Amen
Es walten die Übel
Zeugen sich lösender Ichheit
Von andern erschuldete Selbstheitschuld
Erlebet im täglichen Brote
In dem nicht waltet der Himmel Wille
Indem der Mensch sich schied von Eurem Reich
Und vergaß Euren Namen
Ihr Väter in den Himmeln.[152]

Dieser Situation des inkarnierten Menschen blickten die Kultstätten ehemals ins Auge – im Wissen um die Gefahr und das Böse, das mit ihr verbunden war, und in der Erwartung der Wende, der sie sehnsuchtsvoll entgegen lebten. Von den mantrischen Worten sprach Rudolf Steiner als von einem «Gebet»; zugleich machte er deutlich, dass dieses «Gebet» noch immer Gegenstand tiefer Meditation werde könne – bis in die Gegenwart des 20. Jahrhunderts hinein: «Seit mir diese Worte bekanntgeworden sind, habe ich gefunden, dass sie eine außerordentlich bedeutsame Meditationsformel sind. Sie haben eine Kraft über die Seele, die ganz außerordentlich ist, und man merkt sozusagen um so mehr die starke Kraft, die diese Worte haben, je mehr man sie betrachtet.»[153] «Man kommt immer mehr und mehr darauf, wie ich mich selbst überzeugt habe durch nach und nach erfolgende Meditation dieser Worte, zu erleben, welch ungeheure Tiefen in diesen Worten enthalten sind.»[154] Wann und auf welchen Wegen Rudolf Steiner die Worte der «heidnischen Uroffenbarung» bekannt wurden, hat er nie überliefert – am 20. September 1913 aber sprach er sie bei der Grundsteinlegung des ersten Goetheanum erstmals in Dornach aus, beginnend mit «AUM», einer uralten mantrischen Mysterien-Formel, die er einigen seiner esoterischen Schülern – darunter Ita Wegman[155] – bereits im ersten Jahrzehnt des 20. Jahrhunderts zur Meditation gegeben hatte: «Das Herabsteigen aus dem Geist, das Leben in der Materie und die Rückkehr zum Geist, wird in drei Buchstaben dargestellt: AUM.»[156]

Ich bekenne mich zu mir: a
Ich bekenne mich zur Menschheit: u
Ich bekenne mich zum Leben: m[157]

*

Jesus von Nazareth ging mit seinen Erfahrungen weiter. Er empfand die Notwendigkeit einer Wendung der Geschichte, eines «neuen geistigen Impulses»,[158] der in der Lage sein musste, das Schicksal der Menschheit zu wenden – ihr nahezu gänzliches Geschiedensein von der geistigen Welt, das einen Höhepunkt erreicht hatte und einer Katastrophe entgegenging. «Was soll aus der ganzen Menschheit werden, wenn sie dem Schicksal des einzelnen Menschen verfallen ist?»[159] Jesus empfand die Notwendigkeit für einen Neuanfang, der aber nicht aus den Kräften der alten Menschheit, sondern nur aus einer «makrokosmischen Durchleuchtung der Erde» erfolgen konnte.[160] Nach einer langen inneren Wesens-Vorbereitung wurde er durch das Taufgeschehen schließlich zum Träger dieses Impulses – der makrokosmische Christus-Geist zog in ihn ein, durch einen Vorgang, der eine reale «Empfängnis» bedeutete.[161] Empfangen wurde Christus in der Sphäre der Erde: «Das Fünfte Evangelium sagt uns, dass die Worte, wie sie im Lukas-Evangelium stehen, eine richtige Wiedergabe sind dessen, was dazumal hätte gehört werden können, wenn ein entwickeltes, hellsichtiges Bewusstsein zugehört hätte dem kosmischen Ausdruck dieses Geheimnisses, das sich da vollzog. Die Worte, die vom Himmel herabtönten, lauteten wirklich: *Dieser ist mein vielgeliebter Sohn, heute habe ich ihn gezeuget.* Das sind die Worte des Lukas-Evangeliums, und das ist auch die richtige Wiedergabe dessen, was damals geschehen ist: die Zeugung, die Empfängnis des Christus in die Erdenwesenheit. Das vollzog sich im Jordan.» (Rudolf Steiner[162]).

Nach der gewaltigen Wesensumwandlung und in der Findung eines neuen Gleichgewichtes im Erdensein verbrachte Christus Jesus vierzig Tage in der Wüste, wo er dem «Bösen» in seiner Doppelgestalt begegnete, darunter Ahriman, der ihn aufforderte, Steine in Brot zu verwandeln.[163] Christus Jesus ließ die Widersacher, sie weitgehend überwindend, hinter sich – Ahrimans Wirken aber fand er unter den Menschen wieder, die er auf seinen nächsten Wegen traf: Arbeitern und Zöllnern, die in ihrem harten Leben, ihrer biographischen Inkarnations-Situation darauf angewiesen waren, «Steine zu Brot» zu machen («besonders bei diesen ging er viel herum»[164]). Für Christus Jesus war diese Situation neu; er begegnete ihr staunend und mit großem Mitleid, nachdrücklicher Empathie – und begann sein heilendes Wirken. Er befreite viele Menschen von den auf ihnen lastenden Mächten, lehrte und heilte, und leitete damit eine neue Entwicklung ein – in der Erinnerung an das «allwaltende Gebet» der alten Mysterienstätten, dessen Erden-Wirklichkeit ihm immer deutlicher wurde. « ... *Erlebet im täglichen Brote / In dem nicht waltet der Himmel Wille / Indem der Mensch sich schied von Eurem Reich / Und vergaß Euren Namen / Ihr Väter in den Himmeln ...*» Die kranken Menschen, denen Christus Jesus begegnete, hatten durch ihre Lebensschicksal, durch die Situation ihrer existentiellen «Einkörperung» und Materialisierung «die Namen der Väter in den Himmeln, die Namen der Geister der höheren Hierarchien» vergessen.[165] «Jetzt wusste er [Christus Jesus], dass das Leben im täglichen Brot es ist, das die Menschen von den Himmeln getrennt hat, das die Menschen in den Egoismus treiben und Ahriman zuführen muss.»[166]

Die Menschen, die sich Christus Jesus in der Folge anschlossen und den ersten, noch weitgefassten Kreis seiner Jünger bildeten, erlebten seine heilende Kraft in einer weltgeschichtlichen Lage. Christus erkannte, dass er den gefallenen, überinkarnierten Erdenmenschen und ihrer sich immer weiter materialisierenden Kultur einen Rückweg zum Geist eröffnen musste – im Sinne neuer Mysterien, die nicht länger nur das Inkarnationsgeheimnis des Menschen lehren, sondern seine Rückverbindung mit dem Kosmos, der göttlich-geistigen Welt, ermöglichen sollten: «Und da leuchtete in ihm die Erdenerfahrung des Gottes auf: Ich habe den Menschen zu sagen, nicht wie die Götter den Weg herunterbahnten vom Geist zur Erde, sondern wie die Menschen hinauffinden können den Weg von der Erde zum Geist.»[167] In dieser Situation, so Rudolf Steiner, entschied sich Christus, «die uráltesten Formeln und Gebete» der Menschheit zu «erneuern», in erster Linie jenes «allwaltende Gebet», das er Jahre zuvor aus der Sonnensphäre vernommen hatte. «Er wusste, dass nun der Mensch von unten hinauf suchen musste den Weg in die geistigen Welten, dass er durch dieses Gebet den göttlichen Geist suchen konnte. Da nahm er die letzte Zeile des alten Gebetes: ‹Ihr Väter in den Himmeln› und kehrte sie um, weil sie so jetzt angemessen ist für den Menschen der neuen Zeit und weil er sie nicht auf die vielen geistigen Wesenheiten der Hierarchien, sondern auf das eine Geistwesen zu beziehen hatte: *‹Unser Vater im Himmel.›* Und die zweite Zeile, die er gehört hatte als die vorletzte Mysterienzeile: ‹Und vergaß Euren Namen›, er kehrte sie um, wie sie jetzt lauten musste für die Menschen der neuen Zeit: ‹*Geheiliget werde Dein Name.*› Und so wie die Menschen, die von unten hinaufsteigen müssen, sich fühlen müssen, wenn sie sich der Gottheit nahen wollen, so wandelte er um die drittletzte Zeile, die da hieß: ‹Da der Mensch sich schied von Eurem Reich› in: ‹*Zu uns komme Dein Reich!*› Und die folgende Zeile: ‹In dem nicht waltet der Himmel Wille›, er kehrte sie um, wie sie die Menschen jetzt allein hören konnten, denn die alte Wortstellung konnte kein Mensch mehr hören. Er kehrte sie um, denn eine völlige Umkehrung des Weges in die geistigen Welten sollte geschehen; er kehrte sie um in: ‹*Dein Wille geschehe wie im Himmel also auch auf Erden.*› Und das Geheimnis vom Brote, von der Einkörperung im physischen Leibe, das Geheimnis von alledem, was ihm jetzt durch den Stachel Ahrimans voll erschienen war, das wandelte er so um, dass der Mensch empfinden sollte, wie auch diese physische Welt aus der geistigen Welt kommt, wenn es der Mensch auch nicht unmittelbar erkennt. So wandelte er diese Zeile vom täglichen Brote um in eine Bitte: ‹*Gib uns heute unser täglich Brot.*› Und die Worte: ‹Von andern erschuldete Selbstheitschuld› kehrte er um in die Worte: ‹*Vergib uns unsere Schuld, wie wir vergeben unsern Schuldigern.*› Und diejenige Zeile, welche die zweite war in dem alten Gebet der Mysterien: ‹Zeugen sich lösender Ichheit›, er kehrte sie um, indem er sagte: ‹*Sondern erlöse uns*›, und die erste Zeile: ‹Es walten die Übel›, machte er zu: ‹*Von dem Übel. Amen.*› Und so wurde denn dasjenige, was das Christentum als das Vaterunser kennenlernte durch die Umkehrung dessen, was Jesus einstmals [...] vernommen hatte bei seinem Fall am heidnischen Altar, zu dem, was Christus Jesus als das neue Mysteriengebet, das neue Vaterunser lehrte.»[168]

Dieser Gesamtvorgang war, so Rudolf Steiner, der Hintergrund und das Voraussetzungsgefüge jenes Geschehens, das die Evangelisten Matthäus und Lukas später berichteten: die Übergabe des Vaterunsers an die Jünger, des «mikrokosmischen» Vaterunsers, das aus der Umwendung seiner ursprünglich makrokosmischen Form entstanden war. *«Man könnte es nennen ‹Das umgekehrte Vaterunser› ...»*[169] Beide Gebete gehören in den Raum der Mysterien – der alten und neuen Mysterien. Über den konkreten Zeitpunkt und die Umstände der Übergabe an die Jünger sprach Rudolf Steiner nicht; einmal wies er darauf hin, dass das Vaterunser zu jenen Gebeten gehöre, die «in den feierlichsten Momenten der Menschheit gegeben worden sind.»[170] Es markierte einen Neubeginn – in der Ichentwicklung des Menschen zu einer spirituellen Gemeinschaft und auf dem Weg der Neuverbindung mit den kosmischen Mächten. In der «Christus-Erwartungsstimmung der alten Mysterien» wurde, so Steiner,[171] dieser Zukunftsimpuls seit langem ersehnt – und viele Theologen wiesen seit dem 19. Jahrhundert darauf hin, dass Elemente des Vaterunsers bereits Teil des Alten Testamentes sind (darunter des jüdisch-aramäischen Qaddisgebetes[172]).

Mit dem Auftreten und Wirken des Christus Jesus aber gewann der seit langem vorgezeichnete Weg eine entscheidend neue Dimension, die mit dem Ich des Menschen, seiner Individualität, verbunden ist: «Wer diese früheren Gestaltungen der Sätze, die sich im Vaterunser finden, mit dem Vaterunser selbst vergleicht, wird sich eben klarwerden darüber, dass es beim Vaterunser überall darauf ankam, herüberzuleiten dasjenige, was früher gewissermaßen nicht mit der Hinlenkung zum Ich gesagt war, nun mit der Hinlenkung zum Ich zu sagen.»[173] Das «Reich» des kosmischen Christus-Wesens sollte *in* das Menschen-Ich Einzug halten («Dein Reich komme zu uns!»), der kosmische Vaterwille sich auf Erden *durch* den Menschen vollziehen («Dein Wille geschehe wie im Himmel, also auch auf Erden»), der kosmische Geist das Ich inwendig ergreifen: «Dein Heiliger Geist komme auf uns herab und führe uns durch die Läuterung (Katharsis)» – unter Aufrechterhaltung, ja Weitung und Steigerung des menschlichen Ich-Bewusstseins. «Worauf es ankommt, ist, dass der Christus Jesus eine Menschheitsevolution inauguriert hat, die auf das Ich, auf das Vollerhaltensein des Ich begründet ist. Die Initiation des Ich hat er begründet, hat er inauguriert. Dann werden wir uns sagen können, dass dieses Ich das Wesentliche, das Zentrum ist der gesamten menschlichen Wesenheit, dass gleichsam in das Ich alles zusammenläuft, was heute Menschennatur ist, und dass alles, was für dieses Ich durch das Christus-Ereignis in die Welt gekommen ist, auch ergreifen kann alle übrigen Teile, alle übrigen Glieder der Menschennatur.»[174] Indem Rudolf Steiner das (mikrokosmische) Vaterunser als *«das neue Mysteriengebet»* bezeichnete,[175] benannte er die neuen Mysterien indirekt als jene des Ichs – in seinem kosmischen Bezug, verbunden mit den «Vätern in dem Himmel». «Anthroposophie ist ein Erkenntnisweg, der das Geistige im Menschenwesen zum Geistigen im Weltenall führen möchte», schrieb Steiner nahezu zweitausend Jahre nach der Zeitenwende[176] – in der versuchten Umsetzung dessen, was als neues Mysterienwesen durch die Inkarnation des Christus veranlagt worden war und immer mehr Einzug in die Kultur halten sollte.

III. *«Den Vater im Himmel anzurufen und zu sagen wagen»* Das Vaterunser im Urchristentum

Das Vaterunser-Gebet lebte in der Gemeinschaft der Jünger und der «Urchristen» – der von den Aposteln gebildeten Gemeinden. Die Übergabe des Wortlautes durch Christus, sein erstes Sprechen des Gebetes zum Vater und die Heiligkeit der wirkmächtigen Worte bestimmten den Umgang mit ihm. Abgesehen von Matthäus und Lukas nannten keine Schriften der ersten Zeit den Wortlaut – und die Evangelientexte gehörten als esoterisches Gut dem Innenraum der Gemeinschaft an. Paulus und seine Schule, so Rudolf Steiner, wussten um die eigentliche Bedeutung des Gebetes;[177] in zwei Briefen – an die Galater und die Römer – spielte Paulus offensichtlich auf das Vaterunser an, in der Nennung des aramäischen Vater-*(abba)*-Wortes;[178] auch schrieb er an Timotheus über die Bewahrung vor dem Bösen.[179] Darüber hinaus aber ging er in schriftlich-exoterischer Weise – im Hinblick auf das Vaterunser – nicht.

Der Text des Vaterunsers fand dann jedoch zu Beginn des 2. Jahrhunderts Eingang in die «Zwölfapostellehre», die in griechischer Sprache verfasste *Didache* («Lehre des Herrn durch die zwölf Apostel an die Heiden»), einem

Grundriss für den heidenchristlichen Katechumenenunterricht, der im syrisch-palästinensischen Raum entstand und für den internen Gebrauch bestimmt war. Die Didache gab Anweisungen für das kultisch-liturgische Leben und enthielt eine Gebetsammlung, darunter auch das Gebet des Herrn (im 8. Kapitel, nach der vorausgehenden Belehrung über die Taufe im 7. Kapitel). Erstmals wurde in der Didache das Vaterunser – in der Version des Matthäus – mit einer Doxologie versehen, in zweigliedriger Form: «Dein ist die Macht und die Herrlichkeit in Ewigkeit». Auch endete das Gebet im Unterschied zum Urtext mit dem «Amen». Die Verherrlichung Gottes, seiner *doxa*, am Ende des Gebetes war inhaltlich an Formen des Alten Testamentes angelehnt («Dein, o Herr, ist die Größe, die Macht, die Herrlichkeit, der Ruhm und die Hoheit. Denn dein ist alles im Himmel und auf Erden.»[180]) – nach Karl Friedrich Althoff ist die Doxologie ein möglicher Hinweis auf den frühen Einbezug des Vaterunsers in den Kultus: «So wie im jüdischen Gottesdienst die Psalmenlesung mit einem von der Gemeinde intonierten Lobgesang beantwortet wurde, welcher der gleichen geistigen Sphäre entstammte wie der Psalm, so ist möglicherweise das Vaterunser vom Priester für die Gemeinde gesprochen worden, und die Gemeinde hat mit der feierlich gesprochenen oder gesungenen Doxologie und dem Amen respondiert.»[181] Die Doxologie und das Amen waren, so Althoff weiter, auch ein Zeugnis dafür, welche innere Entwicklung die

Gemeinschaft der Jünger und Christen seit der Übergabe des Gebetes durchlaufen hatte: «Zwischen der Zeit, in der Christus innerhalb der Bergpredigt das Vaterunser in zehn Zeilen gab, und der Zeit, in welcher die elfte und zwölfte Zeile dieses Gebetes zur Vollendung führt, steht das Pfingstereignis. Es ist, als sei das Vaterunser in zehn Zeilen – abschließend mit der Bitte um Erlösung von dem Bösen – gegeben worden, um zu den zwölf Zeilen durch diejenigen Menschen vollendet zu werden, die auf ihrem Entwicklungsweg durch Pfingsten hindurch dazu die Reife erreichten. Sie vermochten die Vollendung aus dem gleichen höheren Einsprechen zu vollziehen, das die ganze Wortgestalt des ganzen Vaterunsers prägte.»[182]

Wie früh das Vaterunser in die kultischen Vollzüge der Christenheit einzog, ist nicht im Einzelnen bekannt. Der Gottesdienst der Urgemeinde fand am Auferstehungstag der Woche, dem Sonntag, statt – am Tag Christi, dem «Herrentag», von dem die Offenbarung des Johannes, aber auch die Didache sprachen. Die Gebete wurden zum Osten, zum Aufgang der Sonne gerichtet – in der Orientierung am auferstandenen Christus, dessen Wiederkunft von dort erwartet wurde. An der Ostwand des Kultraumes hing auch das Kreuz, das seit dem zweiten Jahrhundert verbürgt ist.[183] Als das älteste liturgische Gebet wurde das aramäische *Maranatha* («unser Herr komm!») überliefert, auf das auch Paulus in seinem ersten Brief an die Korinther anspielte.[184] In der Didache wurde das *Mara-*

natha-Gebet im Zusammenhang mit dem Abendmahl genannt – Oscar Cullmann schrieb: «Dass dieses Gebet von Paulus unübersetzt weitergegeben wird in einem griechischen Brief und dass es sich bis in die Zeit der Abfassung der Didache in dieser ursprünglichen Form erhalten hat, beweist die außerordentlich wichtige Rolle, die dieses älteste Gebet der Urgemeinde gespielt haben muss.»[185] Am Gründonnerstagabend, einen Tag vor Golgatha, hatte Christus die *eucharistia*, das Abendmahl in sakramentaler Form gestiftet («Nehmet hin, dies ist mein Leib. / Dies ist mein Blut.»[186]). Am Abend des Auferstehungs-Sonntages, drei Tage später, war Christus den Jüngern erstmals wieder erschienen und in ihre Mitte getreten – *«als sie beim Mahle waren.»*[187] Wenige Stunden zuvor hatten ihn zwei der Jünger in Emmaus ebenfalls beim gemeinsamen Mahl erkannt, beim Segnen, Brechen und Austeilen des Brotes («Da geschah es, dass ihre Augen aufgetan wurden, und sie erkannten ihn.»[188]). Nun, in den Abendmahlsgottesdiensten der Urchristen, sollte sich diese Gegenwart Christi eucharistisch fortsetzen («wo zwei oder drei versammelt sind in seinem Namen, da ist er mitten unter ihnen»[189]) – zugleich war die innere Haltung auf seine versprochene Wiederkunft gerichtet, die im *Maranatha*-Gebet ebenfalls mitklang: «unser Herr komm!». In der Apostelgeschichte heißt es über die Urchristen: «Sie hielten fest an der Lehre der Apostel und an der Gemeinschaft, am Brotbrechen und am Gebet.»[190]

Das Vaterunser-Gebet findet sich nicht in den ältesten eucharistischen Formularen – weder in der Apologie des Justinus Martyr (um 150) noch in der Apostolischen Überlieferung des Hippolyt, deren Abfassung zu Beginn des dritten Jahrhunderts (gegen 215 n. Chr.) erfolgte. Erst im vierten Jahrhundert wurde sein Einbezug in den Gottesdienst sicher bezeugt, so von Cyrill von Jerusalem in seiner fünften mystagogischen Katechese (ca. 348 n. Chr.) und von Optatus von Mileve für die weströmische Kirche in seiner Schrift *Contra Parmenianum* (ca. 366 n. Chr.).[191] Wiederholt wurde darüber nachgedacht und geschrieben, ob das Christus-Wort vom verborgenen Beten im «Kämmerlein» das Vaterunser – trotz seiner «Wir»-Gestalt – in den Bereich des Einzelnen verwiesen hatte, der es für sich, abgeschieden von der Welt (und damit auch der Kultus-Gemeinschaft) beten sollte – dreimal am Tag, wie die Didache betonte. Gesichert ist lediglich, dass der Wortlaut des lange Zeit geheimen und nicht schriftlich fixierten Gebetes jenen Menschen zugänglich gemacht wurde, die unmittelbar vor der Taufe und damit vor ihrer Aufnahme in die Gemeinschaft der Christen standen. «Nur wer der Kirche angehörte oder sich ihr einzugliedern im Begriff war, erfuhr seinen Text [Wortlaut] und wurde bei der Taufvorbereitung in die Schau seiner Tiefen eingeweiht. So sind die ältesten Deutungen des Herrengebetes Katechesen an die Täuflinge.»[192] In den Liturgieordnungen der frühen Christenheit tauchte das Vaterunser tatsächlich erstmals bei der Taufe auf. Zusammen mit dem Credo war es Teil des abschließenden Unterrichts der Katechumenen (Kandidaten), denen schrittweise die Lehre des Christus, die Gebete und kultischen Handlungen eröffnet wurde. Die Katechumenen hatten bis zu ihrer Taufe keinen Zugang zur Abendmahlshandlung *(missa fidelium)*, die ein im strengen Sinne geschlossener Kultvollzug der Christen-Gemeinschaft war. In der letzten Zeit ihrer Taufvorbereitung wurde ihnen dann der Text des Vaterunsers mitgeteilt – sie hörten ihn erstmals innerhalb des Kultus, während einer «Skrutinienmesse» durch den Bischof, und begannen, mit ihm zu leben. Kurz vor der Taufe mussten sie dann das Vaterunser – wiederum in Gegenwart des Bischofs – auswendig und laut sprechen, von einem erhöhten Ort der Kirche aus. All dies vollzog sich in den Wochen und Tagen vor Ostern. In der Osternacht fand dann die Taufe statt: «War nun die Oster- und Taufnacht angebrochen, so durften die Täuflinge nach dem Empfang des Sakramentes zum ersten Mal das *Vaterunser* beten. Das Gebet wurde stehend vorgetragen, der Blick nach oben gewandt, die Hände in Orantenhaltung geöffnet und emporgehoben. Jetzt erst waren die Getauften in Wahrheit und im Vollsinn des Wortes ‹Kinder des Vaters›. So wissen es die Apostolischen Konstitutionen [am Ende des vierten Jahrhunderts]: ‹Wenn die Täuflinge aus dem Taufbad treten, sprechen sie zum ersten Male das Vaterunser.›»[193]

Im direkten Anschluss an das Sakrament der Taufe und

das Sprechen des Vaterunsers folgte das Sakrament der Firmung: «Unmittelbar an die Verrichtung des Herrengebetes schloss sich die Salbung mit dem heiligen Öle an; das Sakrament der Firmung festigte, was der Herr an den Seinen gewirkt, und drückte das Siegel des Namens ‹Christ› auf die Stirne der Gläubigen, eines Namens, den sie hinfort heiligen sollten, und um dessen Heiligung sie soeben im Gebet gefleht hatten.»[194] Daraufhin predigte der Bischof zu den neu in die Gemeinschaft der Christen Aufgenommenen über den soeben vollzogenen Vorgang, zumeist in einer Auslegung des Vaterunsers.

Im vierten Jahrhundert wurde in Texten, die die Liturgie des Abendmahles betrafen, dann das Vaterunser als Gebet unmittelbar vor der Kommunion genannt – als *das* Kommuniongebet *aller* Liturgien der christlichen Kirche.[195] Es wurde nach der Transsubstantiation und der Fürbitte für die Lebenden und Verstorbenen gesprochen – an manchen Orten (insbesondere in der Ostkirche) von der ganzen Gemeinde,[196] im Unterschied zum Eucharistiegebet, das ganz im Verantwortungsbereich des Priesters lag. In der Ostkirche der Christenheit bzw. den orientalischen Liturgien wurde das Vaterunser mit einem Vorbereitungsgebet versehen – der Bitte, mit reinem Herzen zu Gott beten und ihn als Vater nennen zu dürfen. So heißt es in der Jakobusliturgie, deren Niederschrift in Jerusalem am Ende des vierten Jahrhunderts erfolgte, vor dem Vaterunser-Gebet: «Mach uns würdig, guter Herr, dass wir mit Freimut und unverurteilt, mit reinem Herzen und erleuchteter Seele, ohne Scham und mit heiligen Lippen dich, den heiligen Gott, den Vater im Himmel anzurufen und zu sagen wagen: ‹Vater unser, der du bist in den Himmeln …›»[197] In der byzantinischen Messe wurde gesprochen: «Und mach uns würdig, Herr, dass wir mit Vertrauen, ohne Vorwurf es wagen können, dich, den Gott des Himmels, als Vater anzurufen und zu sagen: Vater unser, der du bist in den Himmeln …»[198] In der ostsyrischen Apostelanaphora lautet das vorbereitende Gebet: «Lass deine Ruhe, Herr, unter uns wohnen und deinen Frieden in unseren Herzen, und möge unsere Zunge deine Wahrheit verkünden, dein Kreuz der Wächter unserer Seelen sein, da wir unseren Mund zu neuen Harfen machen und eine neue Sprache sprechen mit feurigen Lippen. Mach uns würdig, Herr, mit dem Vertrauen, das von dir stammt, dieses reine und heilige Gebet vor dir zu sagen, das dein lebensspendender Mund deine treuen Jünger gelehrt hat, die Kinder deiner Geheimnisse: wenn ihr betet, sollt ihr so beten und bekennen und sagen: Vater unser, der du bist in den Himmeln …»[199]

Das Sprechen des Vaterunsers innerhalb des Kultus war ein wirkmächtiger Vorgang – und das Bewusstsein für die Besonderheit des Christusjüngergebetes, die Ehrfurcht vor ihm, war nach wie vor groß. Auch jede Lesung von Evangelientexten wurde im Kultus mit einem Vorbereitungsgebet versehen, das um die Reinheit von Herz und Lippen flehte;[200] das Vaterunser aber gehörte bereits in die Sphäre der Kommunion, der es unmittelbar vorausging – in einer altspanischen («mozarabischen»[201]) Messe wurde die vierte Bitte des Vaterunsers von der Gemeinde mit den Worten beantwortet: «Quia tu Deus est» («Da Du, o Gott, dieses Brot bist»[202]). Die Stellung des Vaterunsers zwischen der Wandlung der Substanz und dem Vorgang der Kommunion nahm den Bereich des «Brotes» unabweisbar in das Mysterium des Christus-Leibes hinein. Da bereits die ersten, im Katechumene-Zusammenhang stehenden Auslegungen des Vaterunsers aus dem 3. Jahrhundert – von Tertullian, Origenes und Cyprian (s.u.) – diese christologische Dimension des «täglichen Brotes» mit Nachdruck akzentuierten («Wir bitten täglich, dass dieses Brot, welches Christus ist, uns gegeben werden soll.» Cyprian[203]), wurde gefragt, ob das Vaterunser nicht doch von Anfang an Teil der Abendmahlsliturgie war, auch wenn seine schriftliche Nennung in diesem Kontext erst im vierten Jahrhundert erfolgte.[204] In jedem Fall wurde es als eine innere Vorbereitung auf die Begegnung mit Leib und Blut Christi erachtet, auch in seiner Bitte um Vergebung der Sünden – noch Augustinus sprach davon, dass ihm das Vaterunser wie ein «Waschen des Gesichtes» vor der Annäherung an den Altar sei.[205] Möglicherweise war es in den ersten Jahrhunderten in aller Stille von jedem Christen innerhalb des Kultus, vor der Kommunion, in dieser Haltung gebetet worden.

Tertullian verfasste seine Schrift über das Gebet *(De ora-*

tione) um das Jahr 200 – sie enthält die älteste erhaltene Vaterunser-Auslegung der Christenheit. Tertullian, der aus Karthago in Nordafrika stammte, schrieb in Rom, wo er seit 190 n. Chr. lebte. Er war der platonischen Philosophie (und der Stoa) verpflichtet und wandte sich mit *De oratione* an die Täuflinge – ausgehend vom Vaterunser, als dem konzentrierten Inhalt der gesamten Christus-Lehre und als Fundament allen Betens. Wie die Didache empfahl er das dreimalige Beten des Vaterunsers pro Tag, zur dritten, sechsten und neunten Stunde, in Anlehnung an einen alttestamentlichen Hinweis[206] – in der offensichtlich gewollten Fixierung und Ritualisierung eines geistigen Vorganges, den Christus Jesus zwei Jahrhunderte zuvor betont in die Freiheit des Ichs gestellt hatte. Tertullian verstand das Vaterunser als Gebet des Einzelnen – im Anruf «Vater unser, der Du bist im Himmel» ließ er das «noster» weg («Pater qui in caelis es»),[207] obwohl er ansonsten der Textgestalt des Evangelisten Matthäus folgte. «In uns», im Ich des Menschen, sollte sich das ganze Geschehen zutragen, von dem das Gebet sprach – «in uns» sollte Gott geheiligt werden, «in uns», so Tertullian, sein Wille geschehen und sein Reich kommen, im menschlichen Ich. Diese Ich-Christus-Dimension verband Tertullian auch mit der Bitte des Brotes: «Wir sollen diesen Ausdruck ‹täglich Brot› doch eher geistig verstehen.»[208] Christus ist das mystische und sakramentale Brot. Die Katechumenen, für deren Unterweisung Tertullian schrieb, standen am Eingang der sakramentalen Abendmahl-Gemeinschaft des Christus: «Dadurch, dass wir um tägliches Brot bitten, beten wir darum, in einer ungebrochenen Gemeinschaft mit Christus leben zu dürfen, und nicht von seinem Leib getrennt zu werden.»[209] Auch wenn das Vaterunser zur Zeit Tertullians noch nicht Teil der offiziellen Abendmahlsliturgie war, so stand es doch an zentraler Stelle innerhalb der Taufe – als dem Eingang zur Eucharistie und dem «Tor» aller Sakramente (wie Thomas von Aquin achthundert Jahre später schrieb[210]). Das «Brot» hatte für Tertullian in diesem Sinne eine christologische Dimension; es gehörte zum Sein des Menschen, im Sinne der täglichen Not, aber auch zur Ich- (und Christus-Ich-)Dimension des menschlichen Wesens. Friedrich Rittelmeyer betonte: «Viermal kommt das Brot im Leben Christi an bedeutungsvoller Stelle vor: In der Versuchung entbehrt er es. Im Vaterunser erbittet er es. In der Speisung wendet er es. Im Abendmahl wandelt er es. Das ist die Geschichte des Brotes im Leben Christi. Das ist die Geschichte des Brotes auf der Erde. Über ihr aber leuchtet das Wort: ‹*Ich* bin das Brot des Lebens.› In der Versuchungsgeschichte sagt Christus: ‹Der Mensch lebt nicht vom Brot allein, sondern von jeglichem Wort, das durch den Mund Gottes geht.› Dieses Wort lebt weiter im Leben Christi und entwickelt sich zu dem Wort: ‹Meine Speise ist die, dass ich tue den Willen des, der mich gesandt hat, und vollende sein Werk.› Und die letzte Höhe ist dann das Wort: ‹*Ich* bin das Brot des Lebens.›»[211] In seinem «esoterischen Vaterunser» schuf Rudolf Steiner die Zeilen:

Die Nahrung des Geistes, das Brot des Lebens,
bietest du uns in Überfülle
in den wechselnden Zuständen
unseres Lebens.

*

Auf Tertullians Vaterunser-Auslegung folgte, knapp drei Jahrzehnte später, diejenige des Origenes. Bereits Origenes' Lehrer Clemens von Alexandrien hatte im achten Buch seiner *Stromata* über das Beten geschrieben. Über Clemens von Alexandrien und Origenes (aber auch über Tertullian und andere frühe «Kirchenväter»), die das Christus-Ereignis im Licht der griechischen Philosophie und Mysteriengeschichte zu durchdringen versuchten, sagte Rudolf Steiner: «Wenn Sie sich wirklich einmal darauf einlassen würden zu studieren, wie so ein Clemens der Alexandriner, sein Schüler Origenes, selbst Tertullian, selbst Irenäus, gar nicht zu reden von noch älteren Kirchenlehrern, wie diese zum großen Teil ausgegangen sind vom heidnischen Initiationsprinzip und sich dann auf ihre Art zum Christentum herübergefunden haben – wenn Sie auf diese Geister sehen, so finden Sie, dass in ihnen eine ganz besondere Art der inneren Bewegung der Begriffe und Vorstellungen lebt; es lebte in ihnen ein ganz anderer Geist, als später in der Menschheit lebt. Der Geist, der in ihnen lebte, an den ist es nötig, wenn man an das Mysterium von Golgatha herankommen will, selbst heranzukommen. An diesen Geist heranzukommen, das ist die Hauptsache!»[212] Clemens hatte in seinen *Stromata* geltend gemacht, dass das ganze Leben des Menschen ein Gebet sein solle, ein Leben in der Gegenwart Gottes: «Allen seinen Ausführungen über das Gebet liegt der Hauptgedanke zugrunde: Gebet ist das ganze Leben des wahren Christen, d.h. ein unausgesetzter vertrauter Verkehr mit Gott.» (Dibelius[213]) Er verstand das Gebet als «Lebenszustand der Gottaufgeschlossenheit»,[214] als anbetende Versenkung in den göttlichen Geist – im Sinne der griechischen Mysterien und ihrer (späteren) Religionsphilosophie, aber auch des Johannes-Evangeliums. Diese Gebetshaltung kennzeichnet den meditativ lebenden, gottzugewandten Menschen – und aktualisiert sich im einzelnen Gebet mit erhobenen Händen und zum Himmel gerichteten Augen. Umfassend ging Clemens' Schüler Origenes nach seiner Vertreibung aus Alexandrien und der Begründung einer neuen Katechetenschule in Cäsarea (Palästina) dann auf das Wesen des Vaterunser-Gebetes ein, im Jahr 233/234 n. Chr.: *Peri Euches* («Über das Gebet»). Wie Tertullian (und nach ihm Cyprian) schrieb auch er für die Taufkandidaten.

Das Vaterunser-Gebet, so Origenes, ist ein Beten *mit*

dem heiligen Geist – es bittet nicht nur *um* diesen Geist, worauf bereits der lukanische Text hinweist («Dein heiliger Geist komme auf uns und läutere uns.»), sondern vollzieht sich mit seiner Hilfe: «Nicht einsam zu beten vermag unser Geist, wenn nicht für ihn und gleichsam vor ihm als Zuhörer der Heilige Geist betet […].»[215] Die Engel, aber auch die verstorbenen Mitchristen wirken, so Origenes, am Beten des Vaterunser mit. Über die Gebetswirksamkeit und Bedeutung der Engel schrieb er: «Dies erhellt daraus, dass Raphael ein Gebetsopfer von Tobit und Sara vor Gott bringt. Denn nachdem beide gebetet hatten, ‹wurde das Gebet beider›, sagt die Schrift, ‹angesichts der Herrlichkeit des großen Raphael erhört, und er wurde abgeschickt, die beiden zu heilen› (Tob 3, 16). Und als Raphael selbst seinen Dienst, den er als Engel den beiden nach der Anordnung Gottes erwiesen hatte, offenbart, da sagt er: ‹Und nun, als ihr beiden, du und deine Schwiegertochter Sara, betetet, brachte ich das Gedächtnis eures Gebetes vor den Heiligen›, und kurz darauf: ‹Ich bin Raphael, einer der sieben Engel, die die Gebete der Heiligen [vor Gott] bringen und angesichts der Herrlichkeit der Heiligen Zutritt haben› (Tob 12, 15).»[216] In einer anderen Schrift betonte Origenes: «Wenn Menschen, die mit festem Entschluss, sich das Bessere zum Ziel nehmen, zu Gott beten, dann beten ungezählte Tausende von heiligen Mächten ungerufen mit.»[217]

Wie sein Lehrer Clemens, in dessen Katechetenschule

von Alexandrien er in jungen Jahren eingetreten war, und in Anlehnung an Paulus[218] schrieb auch Origenes von einem «Beten ohne Unterlass» – und bezeichnete das «Leben des Heiligen» als ein «einziges, großes, zusammenhängendes Gebet».[219] Das Bewusstsein «Unser Vater, der du bist in den Himmeln», durchwirkt, so Origenes, das Leben des frommen, gottergebenen («heiligen») Menschen. Mit Johannes und Paulus sprach Origenes vom Empfangen des Geistes der «Sohnschaft», vom Erlangen der Gottes-Kindschaft: «So viele ihn aber annahmen, denen hat er Vollmacht gegeben, Kinder Gottes zu werden, denen, die an seinen Namen glauben.»[220] In diesem Sinne bestehe, so Origenes, die Aufgabe, «echte Söhne» zu werden, um das Wort «Vater» *(abba)* tatsächlich sprechen zu dürfen.[221] Der Ort der Gottesbegegnung liege dabei ausschließlich im Ich des Menschen, dem «Hegemonikon»,[222] dem Sitz seiner Gottebenbildlichkeit. Dort urstände auch das «Reich Gottes» als seliger Zustand – begründet von den Menschen, die das «Bild des Himmlischen» tragen[223] und deshalb «Himmlische» geworden sind.[224] Es gehe, so Origenes, darum, sich – wie Paulus an Philemon schrieb – nach dem auszustrecken, was vor uns ist[225] und in Worten und Taten das Reich des Christus auszubilden und auszuweiten. *«Dein Reich erweitere sich in unseren Taten und in unserem Lebenswandel.»* (Rudolf Steiner)

Wie für Tertullian war auch für Origenes die Bitte um

das Brot eine Bitte um Teilhabe am Wesen des Christus. Er sprach nicht vom «täglichen», sondern vom «wesenhaften» Brot (das der *ousia*, der geistigen Natur des Menschen entspricht), was von ihm sprachphilosophisch aus dem ungewöhnlichen *epiousios*-Wort des griechischen Vaterunser-Textes hergeleitet wurde.[226] – Schließlich stellte sich Origenes, der in seinem Leben vieles erlitt und an den Folgen eines Martyriums starb, in seiner Gebetsschrift auch den Implikationen der letzten beiden Bitten, die die Versuchung und das Böse betreffen. Er betonte, dass die Aufhebung der Versuchung nicht das Ziel des Vaterunser-Gebetes sei, da doch – mit Hiob – «das ganze irdische Leben der Menschen eine Versuchung ist».[227] Er hob die Bedeutung der Versuchung durch das Böse als Erprobung zum Guten hervor – Gott bediene sich des existierenden Bösen zum Guten, im Sinne einer Prüfung. Vor Origenes hatte auch Paulus davon gesprochen, dass keine Befreiung von der Versuchung möglich sei, und an die Urchristen von Korinth geschrieben, dass Gott sie nicht über ihre «Vermögen» hinaus versuchen, sondern mit der Versuchung den Ausgang so gestalten werde, «dass ihr ihn ertragen könnt.»[228] In dieser Ausrichtung betonte auch Origenes, dass Gott keine Versuchung des Menschen zulasse, die über dessen (potentielles) Vermögen hinausreiche. Von Versuchungen aber sei der Mensch niemals frei, und er stehe als Christ im fortdauernden geistigen Kampf – «mit den Herrschaften und den Mächten und den Weltherrschern dieser Finsternis und den Geisterwesen der Bosheit.»[229] An die Epheser hatte Paulus geschrieben: «Wir haben nicht mit Fleisch und Blut zu kämpfen, sondern mit Fürsten und Gewaltigen, nämlich mit den Herren der Welt, die in der Finsternis dieser Welt herrschen, mit den bösen Geistern unter dem Himmel.»[230] Angesichts dieser geistigen Grundsituation und existentiellen Lage des Christen gehe es, so Origenes, darum, sich in der jeweiligen Gegenwart auf die bevorstehenden Kämpfe, d.h. auf die Gegner und die von ihnen initiierten Versuchungen vorzubereiten, um nicht «unvorbereitet betroffen [zu] werden.»[231] So sei der Mensch mit Paulus «in allem bedrängt, aber nicht erdrückt»[232] und bitte den Vater um sein Nichtunterliegen. – Ein Jahrtausend nach Origenes schrieb auch Thomas von Aquin (wie vor ihm Augustinus) in seiner Vaterunser-Auslegung in diesem Sinne über die sechste Bitte. Er zitierte den Brief des Jakobus «Gott ist erhaben über die Versuchung des Bösen. Er selbst aber versucht niemand»[233] und betonte mit Origenes: «Du musst wissen, dass Christus uns nicht darum beten lehrt, nicht versucht zu werden, sondern darum, nicht in Versuchung zu fallen»,[234] d.h. ihr nicht zu unterliegen. «Selig der Mann, der in der Versuchung standhält; wenn er sich bewährt hat, wird er die Krone des Lebens empfangen» (Jakobus[235]). Im seinem «Vaterunser der Apostel» formulierte Rudolf Steiner:

Den Versucher lässt du nicht über das Vermögen unserer Kraft in uns wirken, da in deinem Wesen keine Versuchung bestehen kann; denn der Versucher ist nur Schein und Täuschung, aus der du, o Vater, uns durch das Licht deiner Erkenntnis sicher herausführen wirst.

Nach Origenes ist die Auseinandersetzung mit dem Bösen zu führen und zu bestehen: «Gott erlöst uns [...] von dem Bösen nicht dann, wenn uns sein Feind mit seinen Schlichen und mancherlei Art und den Helfern seines Willens zum Kampf überhaupt nicht entgegentritt, sondern wenn wir den Ereignissen tapfer die Stirn bieten und den Sieg gewinnen.»[236] Im «Hohepriesterlichen Gebet» hatte Christus am Abend des Gründonnerstages zum Vater gesprochen: «Ich bitte nicht, dass du sie von der Welt wegnehmest, sondern dass du sie bewahrest vor dem Bösen.»[237] Das Licht der ersten drei Vaterunser-Bitten sollte sich in der Finsternis der Erdensphäre bewähren und diese schrittweise verwandeln, durch die «Heiligung in der Wahrheit», d.h. die Höherentwicklung des Menschen. «In dir tobt der Kampf, den es zu kämpfen gilt, ... dein Feind steigt aus deinem eigenen Herzen hervor.» (Origenes[238]).

*

Die Auslegungen von Tertullian und Origenes aus dem dritten nachchristlichen Jahrhundert, aber auch Cyprians Schrift *De Dominica oratione*, die um das Jahr 250 n.Chr. entstand, verbreiteten das Vaterunser-Verständnis des Urchristentums. Zunehmend wurden auch Übersetzungen des Vaterunsers in andere Sprachen geschaffen.[239] Die wirkmächtigste von allen erarbeitete Hieronymus am Ende des vierten Jahrhunderts auf Veranlassung des römischen Bischofs Damasus II. – er brachte die gesamte Bibel in die lateinische Sprache, wobei er eine alte Übersetzung des Vaterunsers aus dem ersten Jahrhundert weitgehend unverändert übernahm.[240] «Eine ungeheure Bedeutung hat es [...], dass die Substantialität des Christentums durch die folgenden Jahrhunderte so fortgepflanzt wird, dass dazu die lateinische Sprache dient, und das gerade vom 4. nachchristlichen Jahrhundert an.» (Rudolf Steiner[241]).

Knapp zwei Jahrzehnte vor Hieronymus hatte der Priester Wulfila, dessen Mutter eine Griechin aus Kappadokien war, bereits sein völlig anders geartetes Übersetzungswerk vollendet und eine gotische Bibel geschaffen. Über diese Arbeit schrieb der Sprachforscher Karl Friedrich Althoff: «Dazu musste er [Wulfila] die bis dahin nur gesprochene, in mythischen Bildern und epischen Gesängen lebende Sprache in eine geschriebene umgestalten, die imstande sein sollte, dem gotischen Volke die hohen Inhalte der Christusbotschaft auch innerlich nahezubringen. In genialer Weise prägte er neue Wörter aus germanischen Wortstämmen und Bildesilben. Diese verwandelte Sprache wurde zu einem Gefäß, in welchem sich hohe dichterische Ausdruckskraft mit tiefer seelischer Innerlichkeit vermählte. Die Goten vermochten sich dadurch der Botschaft des Lichtes, des Lebens, der Liebe voll aufzuschließen. Dass Wulfila dies gelang, gehört zu den größten Leistungen des Geisteslebens. Es lässt sich nachweisen, dass Gotisch als Kultus- und Kultursprache zu den jungen Germanenstämmen Mitteleuropas vordrang, um ein Christusverständnis zu vermitteln, das sich unabhängig von offiziellen Kircheninstitutionen entwickelte und bevor Bonifatius zu den Deutschen kam. Mit dieser Sprache brach nördlich der Ölbaumgrenze ein neues Bewusstsein auf: Durch die Götterkatastrophe, welche die jungen Germanenstämme historisch greifbar erlebt hatten und durch die sie zunächst ‹gott-entleert› in die Welt traten, ergriffen sie das Geheimnis des *‹Christus in unsis›* (... in uns) als des *‹innuma frauja›* (inneren Herrschers) und entwickelten in Seelen- und Gemütstiefen ein neues Ichbewusstsein, das sich in der *‹triggwa›* (Treue) übt. Das Neue Testament ist für sie so *‹niujo triggwa›* (die Neue Treue).»[242] Wulfilas Vaterunser-Übersetzung trägt den Wortlaut:

Atta unsar thu in himinam,
Weihnai namo thein.
Qimai thiudinassus theins.
Wairthai wilja theins, swe in himina jah ana airthai.
Hlaif unsarana thana sinteinan gif uns himma daga.
Jah aflet uns thatei skulans sijaima, swaswe jah weis
afletam thaim skulam unsaraim.
Jah ni briggais uns in fraistubnjai,
ak lausei uns af thamma ubilin;
Unte theina ist thiudangardi jah mahts jah wulthus
in aiwins. Amen.[243]

In seinem Dornacher Vortrag vom 15. Mai 1921 las Rudolf Steiner die gesamte gotische Fassung des Vaterunsers *laut* aus seinem Notizbuch vor – und sagte dann kommentierend: «Wenn wir es durchschauen, dieses in der Sprache Wulfilas so wunderbare Gebet, und wenn wir versuchen, es in unsere heutige Sprache zu übersetzen, dürfen wir nicht wörtlich übersetzen, sondern müssen etwa sagen:

Wir empfinden Dich droben in geistigen Höhen,
Allvater der Menschen.
Geweihet sei Dein Name.
Zu uns komme Dein Herrschaftsgebiet.
Es walte Dein Wille, so wie im Himmel,
also auch auf der Erde.

Und wir müssen richtig fühlen, was darin ausgedrückt ist. Der Mensch, der so das Vaterunser übersetzte, der empfand etwas Ursprüngliches, und er empfand im Grunde so, wie diese Heiden alle empfunden haben: in geistigen Höhen den allerhaltenden Menschheitsvater, den man sich so vorstellte, wie ihn ein altes Hellsehen vorstellen ließ, den man sich im Grunde genommen vorstellte als den König, den unsichtbaren, übersinnlichen König, der die Herrschaft führt wie kein irdischer König. Ihn sprach man als König unter den freien Goten an und bekundete das, indem man sagte: *‹Atta unsar thu in himinam.›* Und nun sprach man zu seiner dreifachen Wesenheit: ‹Geweihet sei Dein Name.› Mit dem Namen selbst verstand man – man vergleiche das nur mit den alten Sanskritbedeutungen – die Wesenheit, wie sie sich ausdrückt, wie sie sich offenbart nach außen, so wie sich der Mensch in seinem Leibe offenbart. Unter dem Herrschaftsbereich verstand man dasjenige, was in der Macht lag, gewissermaßen in der Gewalt, die befehligen konnte über ihr Gebiet: *‹Weihnai namo thein Qimai thiudinassus theins. Wairthai wilja theins, swe in himina jah ana airthai.›*

Unter dem Willen verstand man nämlich dasjenige, was als Geist die Macht und den Namen durchglänzte. Und so sah man hinauf und sah im Geist der übersinnlichen Welten die dreifach waltende Geistigkeit. Zu ihr erhob man sich, und dann sagte man: *‹Jah ana airthai. Hlaif unsarana thana sinteinan gif uns himma daga.›* Geradeso sei es auf der Erde, nämlich: Wie sei es auf der Erde? So wie Dein Name, das, wodurch Du Dich nach außen offenbaren willst, wie der geweiht sein soll, so möge das, was sich in uns nach außen offenbart, das, was alltäglich sich erneuern muss, das möge so durchleuchtet sein. – Man muss nur verstehen, was in dem alten gotischen Wort ‹Hlaif› liegt. Aus dem ist Laib geworden, Laib, Brotlaib. Man hat gar nicht mehr das Gefühl dafür, wie dies war, wenn man heute sagt: ‹Gib uns heute unser tägliches Brot›, während hier das ‹Hlaif› heißt: Lasse, wie wir Deinen Namen als den Leib gelten lassen, lasse so unseren Leib werden, dass er täglich so sein kann durch seine Nahrung, durch das, was er im Stoffwechsel aufnimmt.

Und wie dann übergegangen wird zu dem Herrschaftsbereich, der da walten soll von übersinnlichen Welten, so wird übergegangen zu demjenigen, was unter den Menschen in der sozialen Ordnung waltet. Da sind die Menschen einander so gegenüberstehend, dass nicht der eine des anderen Schuldner ist. Dieses Wort Schuld lebt unter den Goten so, dass es das reale Schuldigwerden bedeutet, sowohl im Moralischen wie im Physischen, im sozialen Leben gegenüber dem anderen Menschen, das ihm Schuldigsein bedeutet.

Damit war man also übergegangen, wie man vom Namen übergegangen war in den Herrschaftsbereich, also vom Körperlichen zum Geiste – im Übersinnlichen bedeutet der Name ungefähr das Körperliche –, wie man übergegangen war von dem Seelischen zu dem Herrschaftsbereich, so ging man über von dem Äußerlich-Leiblichen zu dem, was seelisch ist im sozialen Leben, und dann zu dem eigentlich Geistigen: ‹Lass uns nicht verfallen› – *‹Jah aflet uns thatei skulans sijaima, swaswe jah weis afletam thaim skulam unsaraim.›* Das heißt: ‹Lass uns nicht verfallen in dasjenige, was aus unserem Leibe heraus unseren Geist in Finsternis bringt, sondern erlöse uns von den Übeln, die unseren Geist in Finsternis bringen›: *‹Jah ni briggais uns in fraistubnjai, ak lausei uns af thamma ubilin›* – ‹Erlöse uns aus den Übeln› – die aber entstehen, wenn man zu stark mit dem Geiste in das Leibliche hinein verfallen würde.

Also im zweiten Teile wird im Grunde genommen ausgedrückt: es soll auf Erden im sozialen Leben solche Ordnung sein, wie oben im Himmel in der geistigen Höhe. Und dann wird noch einmal bekräftigt: Wir wollen eine solche geistige Ordnung hier auf Erden anerkennen: *‹Unte theina ist thiudangardi jah mahts jah wulthus in aiwins. Amen.›*

Allvater, dessen Name die äußere Leiblichkeit des Geistes bildet, dessen Herrschaftsbereich wir anerkennen wollen, dessen Wille walten soll, Du, Du sollst auch das Irdische durchdringen, so dass wir unseren Leib täglich werden sehen, neu entstehen sehen gewissermaßen durch die irdische Ernährung. Dass wir im sozialen Leben nicht einer Schuldner des anderen werden, dass wir uns als gleiche Menschen gegenüberstehen, dass wir nicht mit dem Geistig-Leiblichen verfallen, dass wir die Trinität des irdischen sozialen Lebens anknüpfen an das Überirdische; denn das Übersinnliche soll herrschen, soll Kaiser und König sein. Nicht ein Sinnliches, nicht ein Persönliches auf Erden, das Übersinnliche soll herrschen.

‹Unte theina ist thiudangardi jah mahts jah wulthus in aiwins. Amen.›

Denn nicht ein Ding, nicht ein Wesen hier auf Erden, sondern Dein ist der Herrschaftsanspruch, Dein ist das Machtrecht, Dein ist die Offenbarung als Licht, als Glanz, als allwaltende soziale Liebe.

Das ist in einer dreifachen Art ausgedrückt diese Trinität im Übersinnlichen, wie sie eindringen soll in die sinnliche soziale Ordnung. Und noch einmal, zum Schluß, ist das bekräftigt, indem zugesprochen wird: Ja, wir wollen es so im sozialen Leben haben, daß da die dreifache Ordnung sei wie oben bei Dir: denn Dein ist der Herrschaftsanspruch, Dein ist das Machtrecht, Dein ist die Offenbarung: *‹Theina ist thiudangardi jah mahts jah wulthus in aiwins. Amen.›*»[244]

*

Rudolf Steiner war von Wulfilas Lebensarbeit überaus beeindruckt. Sie gehörte dem europäischen Urchristentum an, wies den Geist «urelementaren sozialen Lebens»[245] vor und war von Initiationselementen eines «alten Hellsehens» durchwirkt, die in den auf das Ereignis von Golgatha folgenden Jahrhunderten noch in vielen Ländern und Kulturen lebten. Am 16. Juli 1922 sagte Rudolf Steiner in Dornach: «Das Ereignis von Golgatha ist in einer Zeit geschehen, in welcher noch viel von alter Initiationsweisheit, alter Initiationserkenntnis vorhanden war. Und wahrhaftig, genügend viele Leute haben die alte Initiationsweisheit angewendet, um aus ihrer Initiation heraus das Golgatha-Ereignis mit den Mitteln der übersinnlichen Erkenntnis zu begreifen. Initiierte bemühten sich, alles, was sie zusammentragen konnten an Initiationserkenntnis, aufzuwenden, um zu verstehen, wie eine solche Wesenheit wie der Christus, der vor der Zeit des Golgatha-Mysteriums nicht mit der irdischen Entwickelung vereinigt war, sich mit einem irdischen Leib verbindet und nun mit der menschlichen Entwickelung vereinigt bleibt. Was das für ein Wesen ist, wie diese Wesenheit sich verhalten hat, bevor sie heruntergestiegen ist in das Irdische, alles das waren Fragen, zu deren Beantwortung man höchste Initiationsfähigkeiten auch zur Zeit des Mysteriums von Golgatha anwendete. – Nun aber sehen wir, dass die alte Initiationsweisheit, die in Vorderasien, in Nordafrika, auch innerhalb der hellenischen Kultur durchaus vorhanden war und sich auch nach Italien herüber, sogar weiter noch nach Europa herein erstreckte, dass diese Initiationsweisheit vom 5. nachchristlichen Jahrhundert an überhaupt immer weniger und weniger verstanden wird.»[246] Wiederholt thematisierte Steiner die «radikale abendländische Wendung» im vierten nachchristlichen Jahrhundert,[247] die die Befestigung der römisch-katholischen Machtstruktur und das Ende des Urchristentums mit sich brachte – den Abschluss einer Epoche, in der esoterische Inhalte des Hellenismus, der Gnosis und der nordeuropäischen Initiation das Christentum durchdrungen hatten und die Lehren des auferstandenen Christus noch lebendig waren.[248] Auch das heidnisch-spirituelle Evangelienverständnis eines Wulfila wurde in der Folgezeit von römisch-katholischen Elementen (und ihrem, so Steiner, zunehmend äußerlich-«toten» Kultus[249]) schrittweise verdrängt – «Sehen Sie, es ist wirklich in Europa allmählich das Christentum ganz und gar in die weltliche Herrschaft übergegangen.»[250] Das Vaterunser-Gebet wurde ab dem vierten Jahrhundert Bestandteil der offiziellen Messliturgie der Kirche – vieles von seinem Geist und seiner (individuellen wie sozialen) Intimität, seiner Christus-Dimension und seinem Mysterienhintergrund aber ging verloren. Möglicherweise gestattete erst die Abschattung dieser Implikationen die letztendliche Aufnahme des lange Zeit geheimen Christusjüngergebetes in die geltende Ordnung, seine Fixierung im symbolischen, veräußerlichten und zunehmend abstrakten Ritus, der – so Steiner – ab dem vierten Jahrhundert immer mehr an Stelle des «lebendigen Abendmahls» trat.[251] Was entstand und immer dominanter wurde, war die äußere Institution der Kirche, deren Kultus – in der unverstandenen lateinischen Sprache – «suggestiv» auf die Menschen wirkte und wirken sollte.[252] Die beseelte Geistigkeit, die in der Übersetzung Wulfilas lebte und mit den Menschen seines Volkes und seiner Zeit, damit auch mit alten religiösen Riten und Inhalten in Verbindung stand, trat zurück, worüber Rudolf Steiner in seinen Dornacher Pfingstvorträgen des Jahres 1921 in markanter Weise sprach.[253]

IV. *«Ein Wechselgespräch mit dem Göttlichen»* Vom Innenraum eines «Gedankenmantrams»

Es ist nie auf der Erde mit so wenig Worten so viel gesagt worden. Wie mit Himmelskräften geladen kehrt der Mensch aus diesen Bitten auf die Erde zurück. Der Wort-Leib des Vaterunsers ist so konzentriert wie nur möglich, aber der Geist, der darin wohnt, umfasst Himmel und Erde.
Und auch «ins Verborgene» geht gerade das Vaterunser. Es ist wie ein Gang ins Innere Gottes, wenn wir in den drei ersten Bitten vom Namen ins Reich, vom Reich in den Willen geführt werden. Und es ist ein Gang ins Innere des Menschen, wenn wir in den letzten vier Bitten von der Not zur Sünde, von der Sünde zur Versuchung, von der Versuchung zur Macht des Bösen geführt werden.

Friedrich Rittelmeyer[254]

In seinem «Vaterunser der Apostel» schuf Rudolf Steiner zu Beginn des 20. Jahrhunderts eine Gestalt des Vaterunsers in deutscher Sprache, die den Geist des Urchristentums und der Patristik atmet, der Denkbewegungen der ersten Jahrhunderte, die vor dem Hintergrund des griechischen Geisteslebens und insbesondere der platonischen Philosophie erfolgt waren. Das besondere Verständnis von «Name», «Reich» und «Wille», aber auch des «Brotes», der «Schuld», der «Versuchung» und des «Bösen», das bei Clemens, Origenes und anderen vorhanden und entfaltet wurde, fand Eingang in Rudolf Steiners Übersetzung (oder Neufassung) – wie in weiteren Einzelheiten aufgezeigt werden könnte.

Steiners esoterische Auslegung des Vaterunsers vom Januar 1907 nahm einen davon – zumindest vordergründig – differierenden Ausgangspunkt. Seine Vorträge in Berlin, Karlsruhe und Köln handelten vom geisteswissenschaftlichen Mysterienwissen; sie sprachen nicht von der Patristik, sondern sollten zum Vorschein bringen, dass das Vaterunser der geistig-physischen Konstitution des Menschen entspricht, im Sinne einer auf Entwicklung angelegten Menschen-Kunde. Die alten Mysterien, so betonte Rudolf Steiner in seinen Vorträgen über das Fünfte Evangelium, wussten um die Bedingungen und die Tragik der menschlichen Inkarnation. In ihnen wurde in meditativer Weise die anthropologische Grundsituation bewegt, die die Entwicklung des Selbstbewusstseins mit dem Verlust kosmischen Wissens bezahlt hatte. Dann war der Umschlag mit der Zeitenwende und dem Wirken des Christus erfolgt – die sich nicht zuletzt in der Umkehr der alten Mysteriengebete niederschlug. Die Wiederverbindung des Menschen mit dem Kosmos, aus den erwachten Ich-Kräften seines Wesens, wurde zum Entwicklungsmoment der Zukunft. Wiederholt deutete Rudolf Steiner an, dass ein wirkliches Verständnis dieser Mysteriendimension des

Christus-Ereignisses nur in der esoterischen Schule des Paulus lebte, einer Schule, deren Leitung Paulus seinem «intimsten Schüler» Dionysius Areopagita anvertraute,[255] während er selbst das Christentum exoterisch in der Welt vertreten musste.[256] Steiners «geheimwissenschaftliche» Auslegung des Vaterunsers des Jahres 1907 war im Sinne der esoterischen Schule des Paulus gehalten, die in der Anknüpfung an vorchristliche Mysterienschulen arbeitete, zugleich jedoch etwas fundamental Neues bedeutete und in die Zukunft führte. «Innerhalb dieser esoterischen Schule des Christentums wurde intimen Schülern diejenige Geheimlehre gelehrt, die Sie auch heute durch die [theosophisch-anthroposophische] Geisteswissenschaft kennenlernen», sagte Rudolf Steiner am 17. März 1907 in München.[257]

Vor dem Hintergrund einer solchen geistes- oder «geheimwissenschaftlichen» Menschenkunde, die lange Zeit in geschlossenen Kreisen bewahrt und bewegt worden war (darunter den Rosenkreuzergemeinschaften), besprach Rudolf Steiner in Berlin, Karlsruhe und Köln die sieben Bitten des Vaterunsers, die auf verschiedene Wesensschichten des Menschen zielen. Auch die urchristlichen Kirchenväter hatten wiederholt darauf aufmerksam gemacht, dass eine Drei- und Vier-Struktur im Aufbau des Vaterunsers zu beachten sei: «Drei Bitten zielen auf Himmlisches, vier auf dieses Leben», schrieb Hieronymus im vierten Jahrhundert.[258] Dieser Siebenheit aber liegen, so Rudolf

Steiner, sieben Wesensschichten des Menschen zugrunde, die eine je eigene Entwicklungssituation vorweisen. Dem wurde das Vaterunser als «*neues Mysteriengebet*» gerecht.

*

Die «obere Dreiheit» der sieben Bitten betrifft, so Steiner, den «höheren Wesenskern des Menschen», die «Keimanlage zur Höherentwicklung, die eigentlich ein Ausfluss der höchsten geistigen Wesenheit ist: die dreifache, höhere Wesenheit des Menschen, den göttlichen Wesenskern, die göttliche Anlage des Menschen.»[259] «Geistesmensch», «Lebensgeist» und «Geistselbst» sind, so Steiner, nicht nur die drei höchsten Prinzipien der Menschennatur[260] und damit das Ziel der geistigen Entwicklung, sondern drei Prinzipien in der Gottheit selbst. Mit seiner «oberen Dreiheit», die erst keimhaft vorhanden ist, aber bereits (anfänglich) in und um ihn lebt, reicht der Mensch in die Sphäre des Himmels. Die ersten Bitten des Vaterunsers sind aus dieser höheren geistigen Wesenheit des Menschen heraus gebildet – sie richten sich an das Göttlich-Geistige, zugleich jedoch an die innerste Zukunftsqualität im Menschen, als sein eigentliches Entwicklungsziel. Sie sind als «Anrufungen» des Göttlichen zugleich «*Selbstaufruf*» (Althoff[261]). «Vater unser, der Du bist in dem Himmel» – «Damit wird auf den tiefsten Seelengrund der menschlichen Natur hingedeutet, auf das innerste Wesen des Menschen, das dem geistigen Reiche gemäß der christlichen Esoterik angehört.»[262] «Hat er [der Mensch] einmal diese tiefste, innerste Natur ausgeprägt, dann hat er durch allmähliche Entwicklung sein eigenes Wesen in dasjenige verwandelt, was im Christentum der ‹Vater› genannt wird. Das, was verborgen in der menschlichen Seele ruht, das, was als das große Ziel der Menschheit vorschwebt, das ist der *Vater im Himmel.* [...] Hinausstreben muss der Mensch durch die drei höheren Glieder zu dem Vater im Himmel, durch den Namen, durch das Reich und durch den Willen.»[263] In seinem «esoterischen Vaterunser» brachte Rudolf Steiner den so verstandenen Beginn des Gebetes in die Worte:

Vater, der du warst, bist und sein wirst
in unser aller innerstem Wesen!

Rudolf Steiners esoterische Vaterunser-Auslegung setzte nicht bei der ersten Bitte («Geheiligt werde dein Name»), sondern bei der dritten ein: «Dein Wille geschehe». Aus dem *Willen* der Gottheit, dem schöpferischen Willen innerhalb der göttlichen Wesenheit, und der Fähigkeit des Opferns entstand einst das Universum.[264] Die Gottheit ermöglichte das Werden, das große «Fiat», aus Kräften, die substantiell allem Sein zugrundeliegen. Von dieser schöpferischen Willenskraft lebt, so Rudolf Steiner, ein Abbild im Menschen, wenn auch in anfänglicher Weise.

Am Ende der planetarischen Entwicklung aber wird jene Wesensschicht ausgebildet sein, die Steiner mit dem Begriff «Geistesmensch» – oder *atma* – benannte und als von «willensartiger Qualität» beschrieb («eine Art Wollen ist der Grundcharakter dieses höchsten göttlichen Prinzipes im Menschen»): «Was beim Menschen heute am schwächsten ausgebildet ist in seiner inneren Wesenheit, der Wille, das wird in der Zukunft, wenn der Mensch immer höher und höher steigen wird, sein vorzüglichstes Prinzip sein.»[265]

Steiner sprach von der reinen, höchst entwickelten Stufe der Willenskraft, die im Dienst des Werdens steht, sich in Hingabe den Aufgaben stellt und durch das Opfern des eigenen Wesens Neues ermöglicht. Der so verstandene Wille ist das vatergöttliche Prinzip innerhalb der Trinität und liegt allem Sein zugrunde. Der Mensch aber ist dazu berufen, die Evolution der Erde weiterzuführen, als künftige zehnte Hierarchie der Liebe und Freiheit.[266] Er hat in der Gegenwart und Zukunft die Fähigkeit und Aufgabe, schöpferisch am Werden der Welt mitzuarbeiten und die Qualität eines reinen Willens auszubilden, der dann sein «vorzüglichstes Prinzip» sein wird. In Vorträgen der Jahre 1920 und 1921, zwei Jahrsiebte nach seinen ersten Darstellungen zum Vaterunser, sagte Rudolf Steiner: «Die Willensnatur des Menschen ist es, die sich in derjenigen Zeit der Erdenentwickelung besonders ausbilden muss, welche auf das Mysterium von Golgatha folgt. In Bezug auf seinen Willen lebte der alte Mensch durchaus in einem dumpfen Zustande. Der Wille aber muss durchsetzt werden von Weisheit, von Ideenkraft, von Spiritualität. Darauf kommt es an. Daher ist es vor allen Dingen nötig, dass der Christus-Impuls in den Willen des Menschen seinen Einzug hält. Das muss nur im richtigen Sinne verstanden werden. Auf die Ausbildung des Willens kommt es von der Gegenwart in die Zukunft hinein ganz besonders an. Der Mensch muss in Bezug auf seinen Willen immer bewusster und bewusster werden.»[267] «Das Wollen ist in Zukunft berufen, etwas ganz Gewaltiges, Kosmisches zu werden, etwas zu werden, wodurch der Mensch in der Zukunft dem ganzen Kosmos angehören wird, ein individuelles Wesen sein wird und dennoch seine individuellen Impulse als Weltentatsache ausleben wird.»[268]

> *Deinen Willen führen wir in der Betätigung unseres Lebens so aus, wie du, o Vater, ihn in unser innerstes Gemüt gelegt hast.*

Der schöpferische, zum Opfer befähigte göttliche Wille ermöglichte die Entstehung der Erde und all ihrer Wesen. Er ermöglichte das «Reich» – als Spiegelung der Gottheit. Wie viele Jahre später in der Stuttgarter Schulklasse (vgl. S. 34f.) skizzierte Rudolf Steiner den gemeinten Zusammenhang am 28. Januar 1907 in Berlin am Bild der Sonne – von einem Mittelpunkt aus, dem Zentrum des schöpferischen Willens, tritt der kreisförmige Umfang ins Dasein. «Der Wille ist also der Mittelpunkt – der Spiegel des Willens ist das Reich».[269] Die Schöpfung, die Reiche der Natur, leben aus dem Opfergeist der Gottheit, der sie ihr Dasein und ihr Leben verdanken. Im «Reich» wirkt ein tätiges, schaffendes Prinzip – jener Christus-Aspekt der Trinität, der in seinem mikrokosmischen Abbild als «Lebensgeist» *(buddhi)* auch im Menschen entstehen kann, in Relation zum Christus-Wesen.[270] «Dein Reich komme zu uns.»

Schließlich sprach Rudolf Steiner über die «Namen» und das «Geistselbst» des Menschen: «In unendlich abgestuften Wesenheiten und in unendlicher Mannigfaltigkeit erscheint im Reiche die Gottheit, und man unterscheidet die einzelnen Wesenheiten im Sinne der Geheimwissenschaft – wenn man auf dieser hohen Stufe steht, dass man sie als Ausflüsse des Göttlichen betrachten kann – dadurch, dass ihnen ihr *Name* gegeben wird. Der Name ist dasjenige, was der Mensch dann als die einzelne Wesenheit denkt, er ist dasjenige, wodurch die einzelnen Glieder dieser großen Mannigfaltigkeit voneinander unterschieden werden. Er ist das dritte der drei höchsten menschlichen Prinzipien, die herausfließen aus dem Göttlichen, und würde dem Manas oder dem Geistselbst entsprechen.»[271] Der «Name» des Seienden ist ins Bewusstsein gehobenes Sein, *erkanntes* Wesen, und steht in Beziehung zum Geistaspekt der Trinität. Der «geheiligte Name» ist die Wahrheit des jeweiligen Daseins, die «Weihe» des «Namens» ein «Wieder-Hintragen des Dinges zu seinem Ursprung, in das Weltenweiten-Geisteslicht, aus dem sein Wesen stammt» (Althoff[272]). Der die «Geistselbst»-Schicht seines eigenen Wesens ausbildende Mensch befähigt sich dazu, den wirklichen «Namen» der Dinge des «Reiches» wiederum ausfindig zu machen, das aber heißt: die geistige Konfiguration ihres Daseins, ihre Stellung im Kosmos («Name ist wirkende Kraft, Gestaltungsmacht.»[273]). Das neue Mysterienwissen des Menschen ersteht, so Rudolf Steiner, aus dieser Qualität des «Geistselbst» – der Mensch ergreift seinen eigenen «Namen» und findet die «Namen» der Anderen, in einer erkennenden Tätigkeit, die das mikrokosmische Abbild des «Heiligen Geistes» ist. Die Anthroposophie bezeichnete Rudolf Steiner einmal als die Suche nach dem «verloren gegangenen Wort»[274] – in der Wiederfindung dieses Schöpfungswortes liegt die Zukunft der Menschheit.[275] Zu den Schülern der esoterischen Schule des frühen Christentums wurde, so Steiner, gesagt: «Siehe die Dinge um dich herum an, sie sind in ihrer Mannigfaltigkeit ein Ausdruck der Gottheit! Sagst du ihren Namen, so fasst du sie als Glieder in der göttlichen Weltordnung. Was du auch in deiner Umgebung haben magst, gelte als heilig; und in dem Namen, den du ihm gibst, sieh etwas, das es zu einem Glied der göttlichen Wesenheit macht. Heilig halte es, wachse hinein in das Reich, das ein Ausfluss der Gottheit ist, und entwickle dich hinauf zu jenem Willen, der ein Atma, aber zu gleicher Zeit ein Glied der Gottheit sein wird.»[276] «Wollt ihr euch in dem finden, wozu ihr euch am Ende erheben sollt, da werdet ihr finden, dass es willensartiger Natur ist. Wollt ihr euch erheben zu dem, was der Träger dieses Willens, dieses Atma ist, zu der Buddhi – im Göttlichen stellt es dar das Reich. Und wollt ihr euch erheben zu dem, was ihr erkennt an Namen, Begriffen oder Ideen der Dinge – im Göttlichen stellt es sich dar als Name.»[277]

In dieser Weise skizzierte Rudolf Steiner die Lehren der esoterischen Schule des Christentums zu den drei ersten Bitten des Vaterunsers – in der äußerst verdichteten Andeutung makrokosmisch-mikrokosmischer Bezüge, die er in seinen kosmologischen Vortrags- und Schriftdarstellungen weiter entfaltete, nicht zuletzt in seinem großen Werk über die Evolution der Erde und des Menschen, das im Januar 1910 erschien: *Die Geheimwissenschaft im Umriss.* «Anthroposophie ist ein Erkenntnisweg, der das Geistige im Menschenwesen zum Geistigen im Weltenall führen möchte», im Sinne der neuen, christlichen Mysterien.

*

«Und man sagte dem Schüler: Du sollst dir klarwerden, selbst wenn du einen Bissen Brot issest, dass auch dieser ein Ding ist, in dem die Gottheit ist, und darum soll es dir heilig sein.»[278] Die vierte Bitte des Vaterunsers, mit der die erdzugewandte zweite Hälfte des Gebetes einsetzt, zielt, so Rudolf Steiner, in die Schicht des physischen Leibes. Thomas von Aquin hatte die spirituell-christologische Dimension des «Brotes», die von Tertullian, Origenes und Cyprian bereits frühzeitig geltend gemacht worden war, in seine Auslegung des Vaterunsers aufgenommen, jedoch auch den Aspekt des physischen Daseinserhaltes kenntlich gemacht[279] – und das Alte Testament zitiert: «Das Leben des Menschen beginnt mit dem Brot und dem Wasser.»[280] «Gib mir weder Reichtum noch Armut, sondern das zum Leben Notwendige.»[281] Rudolf Steiner sprach dann von der Wesensschicht des physischen Leibes und dessen Dasein in der Verwandlung der Erdsubstanzen: «Er [der physische Leib] ist aus denselben Stoffen und denselben Kräften zusammengesetzt wie ringsherum die scheinbar leblose Welt. Der physische Leib könnte nicht bestehen, wenn nicht fortwährend Stoff und Kraft aus der ihn umgebenden physischen Welt in ihn einfließen würden und ihn immer und immer wieder von neuem aufbauten. Eigentlich ist der physische Körper für alles, was wir in ihm haben, eine fortwährende Durchgangsstation. Aus und ein fließen die Stoffe, die eigentlich ebenso das äußere Universum ausmachen, wie sie zeitweise in uns sind. [...] Der Mensch erneuert immer wieder den Stoff seines physischen Körpers. Das, was damals in uns war, ist heute ganz wo anders, draußen in der Natur verteilt, und anderes ist in uns eingezogen. Das Leben des Körpers bedingt ein fortwährendes Ein- und Austreten des Stoffes.»[282] *«Unser tägliches Brot gib uns heute.»*

Der physische Leib ist ein Teil der Erde («seine Substanz ist von unserem stofflichen Planeten genommen und geht wieder zu diesem zurück»[283]) – und damit des Kosmos. In seiner Auslegung des Vaterunsers sprach Rudolf Steiner nicht über seine Weiterentwicklung, sondern über seinen *Erhalt*. Die vier «unteren» Wesensglieder des Menschen – der physische, ätherische, astralische Leib und die Ich-Organisation – sind, im Unterschied zur «oberen Dreiheit», nicht das wirkende Zukunftsprinzip. Von der Zukunftsentwicklung der «oberen Drei» leben vielmehr die unteren «Vier», in ihrer permanenten Gefahr des Verfalls, der Verfremdung und Korrumpierung, des realen Erkrankens. Der «Bissen Brot», so wurde dem «Geheimschüler» gelehrt, soll «heilig» erachtet werden. Sein Verständnis ersteht aus dem «Namen» der «oberen Dreiheit» – in diesem Licht wird eine zukunftsfähige Haltung zur Substanz der Ernährung möglich, entgegen der Gefahr des Missbrauchs und der Maßlosigkeit, in Überfluss und Askese.

«Und vergib uns unsere Schuld, wie auch wir vergeben unseren Schuldigern.» Die «Schuld», so Rudolf Steiner, ist in der Terminologie der christlichen Esoterik eine Verfehlung in der Sphäre des menschlichen Lebensleibes. Diesen Leib – als Träger des Gedächtnisses, aber auch der

bleibenden Eigenschaften und Gewohnheiten, des Charakters[284] – hat der Mensch durch den Prozess seiner Inkarnation mit jenem menschlichen Umfeld gemeinsam, in das er hineingeboren wurde: «Gerade diejenigen Eigenschaften, welche der Mensch als bleibende, stationäre in sich hat, wird man nicht nur in ihm, sondern in allen finden, mit denen er in irgendeiner Weise zusammengehört, also in seiner Familie, seinem Volke und so weiter. Die einzelnen Angehörigen eines Volkes sind daran zu erkennen, dass sie gemeinsame Gewohnheiten und Temperamente haben. [...] Wenn wir uns also das Zusammenleben mit den Gemeinschaften betrachten, in die wir hineingeboren sind, dann finden wir die Eigenschaften, durch die wir einer Familie, einem Volke angehören, durch die wir etwas Verwandtes mit den Angehörigen dieses Volkes fühlen, auch den Eigenschaften ähnlich, die in unserem Zeitalter leben. [...] Durch die gemeinschaftlichen Eigenschaften im Ätherleibe verstehen sich die Menschen.»[285] Der Äther- oder Lebensleib hält, so Rudolf Steiner, das Gleichgewicht mit den anderen Gliedern der Gemeinschaft, im Sinne sozialer Pflichten, zu denen die Arbeit für den Anderen gehört.[286] Der Lebensleib trägt zum Aufrechterhalten der Gemeinschaft bei, der der Mensch – bis zu einem gewissen Ausmaß – angehört. Ein Zurückbleiben in diesem Beitrag zur Gemeinschaft, eine Störung des Gleichgewichtes in der Beziehung zu ihr, ist, so Rudolf Steiner, die christlich-esoterische Bedeutung des Wortes «Schuld». Die Bitte um die Vergebung der «Schulden» impliziert daher die Sorge um das richtige Sein des ätherischen Leibes. Die Verfehlung oder der Verfall dieses Wesensgliedes beeinträchtigt nicht nur die Beziehung des Menschen zur Gemeinschaft, sondern auch zur Geistigkeit des Kosmos, der der Ätherleib in individualisierter Weise entstammt. Er ist, so Steiner, in fundamentaler Weise kosmisch bedingt[287] und kehrt nach dem Erdenleben wieder in den Kosmos zurück[288] – die Bitte um den Erhalt des Lebensleibes betrifft von daher auch die Zukunft des Menschenwesens inmitten der Schöpfung, im Kosmos. Für den Erhalt des ätherischen Leibes – wie für den der anderen drei Glieder der unteren «Vier» – gilt: er gelingt in dem Maße, wie die geistige Entwicklung des Menschen sich in richtiger Weise vollzieht, im Sinne der «oberen Drei».

«Und führe uns nicht in Versuchung, sondern erlöse uns von dem Übel.» Wie die «Schuld» mit dem Kräftezusammenhang des ätherischen Leibes verbunden ist, so die «Versuchung» und das «Böse» mit dem Seelenleib und dem Ich des Menschen. Der Fall in die «Versuchung» ist, so Rudolf Steiner, aus esoterischer Perspektive eine «persönliche Sünde des Einzelnen»; sie ist dasjenige, «was den Astralleib treffen kann, insofern er individuell fehlerhaft ist.»[289] Zum Unterschied von «Schuld» und – so verstandener – «Sünde» sagte Rudolf Steiner am 28.1.1907 in Berlin: «Der Mensch kann [...], wenn er durch seinen Äther- oder Lebensleib Fehler begeht, mehr

ein Sünder [Schuldner] werden im Kreise seiner Mitmenschen, mehr die sozialen Pflichten versäumen, die von Mensch zu Mensch spielen und das menschliche Gesellschaftsleben möglich machen. Diejenigen Sünden aber, die mehr individuell sind, durch die der Mensch nur als besondere Persönlichkeit fehlt, das sind Verfehlungen, die durch die Eigenschaften des Astralleibes herbeigeführt werden.»[290] Das «Übel» dagegen, so Rudolf Steiner weiter, meint die Verfehlung des Ichs, seine Selbstbezogenheit und Egoität, die sein Weltverhältnis alteriert und sukzessive unterhöhlt – mit Folgen für sein eigenes Dasein und die Welt. Die «Grundmöglichkeit» der entsprechenden Verfehlung liegt in den notwendigen Entwicklungsumständen der menschlichen Freiheit: «Der Mensch musste ja, um allmählich in bewusster Weise zur Freiheit und Selbstständigkeit aufzusteigen, durch Selbstsucht und Egoismus durchgehen. Er ist herabgestiegen als Seele, die ein Glied der Gottheit war, die nicht in Egoismus verfallen kann. Niemals bildet sich ein Glied in einem Organismus ein, eine Selbständigkeit zu sein. Würde sich zum Beispiel ein Finger dies einbilden, er würde sich abreißen und verdorren. Diese Selbständigkeit, zu der der Mensch sich entwickeln muss und die erst ihre volle Bedeutung dann haben wird, wenn die Grundeigenschaft der Selbstständigkeit die Selbstlosigkeit ist, würde niemals haben entstehen können, wenn sie nicht ausgegangen wäre von der Selbstsucht. Die Selbstsucht zog ein in den menschlichen

Leib, und dadurch wurde der Mensch ein selbstsüchtiges, egoistisches Wesen.»[291] Die Bitte um die Erlösung von dem «Übel» zielt von daher in Richtung eigentlicher, unverfremdeter Ichwerdung – in Weltbezug und Weltverbundenheit. *«So hat der Christ der esoterischen Schulen zu bitten gehabt.»*[292]

*

Über das Vaterunser als Ausdruck des siebengliedrigen Menschen und über die Entwicklungsaufgabe der Zukunft im Einklang mit dem Kosmos sagte Rudolf Steiner gegen Ende seines Berliner Vortrages vom 28.1.1907: «So sehen Sie in den sieben Bitten des Vaterunsers nichts anderes als den Ausdruck dafür, dass die menschliche Seele, wenn sie sich in der richtigen Weise dazu erhebt, von dem göttlichen Willen die einzelnen Teile des Menschen in eine solche Entwickelung zu bringen erfleht, dass der Mensch seinen richtigen Lebensweg durch das Universum findet, dass er alle Teile seiner Natur in der richtigen Weise entwickelt. Das Vaterunser ist also ein Gebet, durch das sich der Mensch in den Momenten, wo er es braucht, erheben soll zu dem Sinn der Entwickelung seiner siebengliedrigen Menschennatur, und die sieben Bitten sind dann, wenn sie auch im naivsten Menschen auftreten, der sie gar nicht verstehen kann, Ausdruck der geisteswissenschaftlichen Anschauung der Menschennatur.»[293] «Keine wirkliche Gebetsformel gibt es, die nicht aus dem großen Wissen heraus geboren ist, und der große Eingeweihte, der Stifter des Christentums, Christus Jesus, hat in dem Augenblicke, wo er das Gebet gelehrt hat, die sieben Glieder der menschlichen Natur im Auge gehabt, hat in seinem Gebete dieser siebengliedrigen Natur des Menschen Ausdruck gegeben.»[294] In Christus Jesus lebte das Mysterienwissen der Zukunft – das Wissen um den Menschen in seinem kosmischen Bezug. Aus der Substanz dieses Wissens konnte er das «allwaltende Gebet» der alten Mysterienstätten, das *«kosmische Vaterunser»*,[295] umkehren und in neuer Weise gestalten, in einer inneren Ordnung und Komposition, die – aufgrund ihrer Wahrheit – über die Kraft jahrtausendelanger Wirkung verfügt. Man brauche, so sagte Rudolf Steiner am 6. März 1907 in Köln, über die Natur des Menschen nicht mehr zu wissen, «als das, was im Vaterunser gesagt ist.»[296] Weiter führte er in diesem Zusammenhang aus: «Es ist [...] das wirksamste Gebet. Dieser Rhythmus [der Siebengliedrigkeit], der da in der Seele angeschlagen wurde, wurde dem bewusst, der esoterisch wusste: *Der Christ hat, indem er das Vaterunser gebetet hat, menschliche Theosophie gebetet, im Gebet gelebt.*»[297] Christus hat den Jüngern, so Rudolf Steiner, das Vaterunser nicht nur als «Gebetsanleitung» übergeben,[298] sondern betete es für sie – er lebte und betete menschliche «Theosophie», menschliche «Gottesweisheit», die um die «Ursprungskräfte des Menschen» weiß.[299]

Diese anthropologische Theosophie und ihre meditativ-gebetartige Fassung sollte dem Menschen helfen, im Guten bestehen zu können, entgegen allen Kräften des Niedergangs und Verfalls, des Erkrankens auf den verschiedenen Ebenen seines Seins. Rudolf Steiner sprach in seinem Berliner Vortrag vom 28. Januar 1907 in umfassender Weise (wenn auch auf knappem Raum) über diese Zukunftsperspektive des Menschen – und sagte an einer Stelle: «Will der Mensch sich zu dem hin entwickeln, dann muss er die Kraft haben, seine höhere Dreiheit und seine niedere Dreiheit zu dem Punkte zu entwickeln, *dass sie in richtiger Weise den physischen Leib erhalten* [...].»[300] Das Ziel der menschlichen Entwicklung ist mit dem Erhalt des physischen Leibes, der menschlichen Gestalt immanent verbunden – mit jenem Auferstehungsleib des Ichs, über den Rudolf Steiner in seinen Karlsruher Vorträgen *Von Jesus zu Christus* im Oktober 1911 erstmals im Einzelnen sprach.[301] Die in Richtung des *physischen Leibes* gerichtete vierte Bitte steht in der kompositorischen Mitte des siebengliedrigen Vaterunsers, in seinem Herzen – ihr unmittelbar voraus geht die Hinwendung zum höchsten, vatergöttlichen Prinzip der Schöpfung («Dein Wille geschehe»), das Rudolf Steiner an den Beginn seiner Vaterunser-Betrachtungen des Jahres 1907 rückte. In dieser Perspektive betrachtet, geht es im Vaterunser um die Rettung des Menschenwesens, um seinen Fortbestand. Diese Rettung ist auf den Wegen geistiger Entwicklung möglich und impliziert den Ausgleich aller Vereinseitigung und damit «Verführung» durch die polaren Elemente der «Widersachermächte».

*

Vom *inneren Umgang* mit dem Vaterunser, seiner «innerlichen Erlebensseite»[302] sprach Rudolf Steiner schließlich im Herbst 1921 vor über einhundert Theologen, zwölf Monate nach der Eröffnung des Goetheanum als einer «Freien Hochschule für Geisteswissenschaft». Seine Vaterunser-Vorträge des Jahres 1907 lagen zu diesem Zeitpunkt vierzehn Jahre – zwei Jahrsiebte – zurück und waren nur einem kleinen Teil seiner Hörer bekannt. Es ging in Dornach 1921 jedoch nicht um die esoterische Auslegung des Vaterunsers im Sinne der Geheimschulen des Urchristentums, sondern um die Stellung des Vaterunsers in einem erneuerten christlichen Mess-Kultus, die Steiner vor den zusammengekommenen Theologiestudenten und Pfarrern unterschiedlicher Provenienz deutlich zu machen versuchte – damit auch um die Wege inneren Lebens und Erlebens, ausgehend vom wirklichen «Hören» des Gebetes, seinem innerlichen «Lebendigwerden» im *Laut* des Wortes, auf dessen prinzipielle Bedeutung Rudolf Steiner in verschiedenen Darstellungen zur esoterisch-mantrischen Arbeit und zur geistigen Entwicklung seit vielen Jahre eingegangen war.[303] Nun sagte er im Hinblick auf den Umgang mit dem Vaterunser: «Es muss der Weg gemacht werden vom Begriff zum Wort, denn es liegt darin ein ganz anderes innerliches Erleben, wenn wir, ohne dass wir äußerlich sprechen, innerlich nicht bloß einen abstrakten Begriffsinhalt haben, sondern das lebendige Erleben des Lautes, in welcher Sprache es zunächst auch sei. Das ganze Vaterunser wird gewissermaßen das Spezifische der Sprache schon hinwegreduzieren, auch wenn wir im Einzelnen aus irgendeiner Sprache heraus nun nicht vorstellen den bloßen Gedankeninhalt, sondern den Lautinhalt. Auf das wurde nämlich gerade in früheren Zeiten beim Beten außerordentlich viel gehalten, dass der Lautinhalt innerlich lebendig wird, denn nur wenn der Lautinhalt innerlich lebendig wird, verwandelt sich das Gebet in dasjenige, was es sein muss, in ein Wechselgespräch mit dem Göttlichen.»[304]

Das richtige, *gestaltete* Sprechen des Vaterunsers innerhalb des Kultus, mit Vollmacht bzw. «Gewalt», sollte dazu beitragen, die innere Bewegung des Gebetes zu erleben – das «reale innere Wechselgespräch mit dem Göttlichen», das Steiner als Strukturprinzip des Vaterunser aufzuzeigen versuchte («Niemals ist das Gebet ein wirkliches Gebet, wenn es nicht ein Wechselgespräch mit dem Göttlichen ist, und zu einem solchen Wechselgespräch mit dem Göttlichen ist allerdings das Vaterunser im eminentesten Sinn gemacht *durch seinen besonderen Bau.*»[305]). Dieses «Wechselgespräch» lebe, so Steiner, zwischen den Polen von «Selbstauslöschung» bzw. Wesenshingabe an das (göttliche) Gegenüber und einer nachfolgenden «Selbstergreifung» als Rückwendung und Rückkehr ins eigene Ich. Einen solchen Gesamtvorgang hatte Steiner erstmals zwei Jahre zuvor, im August und Oktober 1919, als Phänomen (oder Lebensgrundlage) des «Ich-Sinnes» (der sinneshaften Gewahrwerdung eines Du) beschrieben, in der Zuwendung zum Anderen, dem temporären «Hineinschlafen» in ihn, und einer Selbstbehauptung des Eigenen, die sich reaktiv ereignet.[306] Damals hatte Steiner über das «Wechselverhältnis zwischen dem einen Menschen und dem andern» u.a. gesagt: «Stehen Sie einem Menschen gegenüber, dann verläuft das folgendermaßen: Sie nehmen den Menschen wahr eine kurze Zeit; da macht er auf Sie einen Eindruck. Dieser Eindruck stört Sie im Inneren: Sie fühlen, dass der Mensch, der eigentlich ein gleiches Wesen ist wie Sie, auf Sie einen Eindruck macht wie eine Attacke. Die Folge davon ist, dass Sie sich innerlich wehren, dass Sie sich dieser Attacke widersetzen, dass Sie gegen ihn innerlich aggressiv werden. Sie erlahmen im Aggressiven, das Aggressive hört wieder auf; daher kann er nun auf Sie wieder einen Eindruck machen. Dadurch haben Sie Zeit, Ihre Aggressivkraft wieder zu erhöhen, und Sie führen nun wieder eine Aggression aus. Sie erlahmen darin wieder, der andere macht wiederum einen Eindruck auf Sie und so weiter. Das ist das Verhältnis, das besteht, wenn ein Mensch dem anderen, das Ich wahrnehmend, gegenübersteht: Hingabe an den Menschen – innerliches

Wehren; Hingabe an den anderen – innerliches Wehren; Sympathie – Antipathie; Sympathie – Antipathie. Ich rede jetzt nicht von dem gefühlsmäßigen Leben, sondern nur von dem wahrnehmenden Gegenüberstehen. Da vibriert die Seele; es vibrieren: Sympathie – Antipathie, Sympathie – Antipathie, Sympathie – Antipathie. [...] Indem die Sympathie sich entwickelt, schlafen Sie in den anderen Menschen hinein; indem die Antipathie sich entwickelt, wachen Sie auf und so weiter. Das ist ein sehr kurz dauerndes Abwechseln zwischen Wachen und Schlafen in Vibrationen, wenn wir dem anderen Menschen gegenüberstehen. Dass es ausgeführt werden kann, verdanken wir dem Organ des Ich-Sinnes.»[307] Es handle sich, so Steiner, um einen «Pendelausschlag», der unbewusst in der Sphäre des menschlichen Willens verlaufe: «Schlafen in dem anderen, Aufwachen in uns selbst, wiederum dadurch Schlafen in den anderen, Aufwachen in uns selbst. Und dieser komplizierte Prozess des Hin- und Herpendelns zwischen dem Einschlafen in dem anderen und Aufwachen in uns selbst, der findet in uns statt, wenn wir dem anderen gegenüberstehen. Das ist ein Vorgang in unserem Wollen. Wir nehmen ihn nur nicht wahr, weil wir unser Wollen gar nicht wahrnehmen.»[308] In vergleichbarer Weise, so Rudolf Steiners Schilderung zwei Jahre später im Theologen-Kurs, vollzieht sich auch das «Wechselgespräch mit dem Göttlichen». Das Vaterunser setzt ein mit einer «anbetenden Versenkung» (Frieling[309]), einer

Hinwendung zum «Weltengrund», zum Uranfang des Seins,[310] zum geistigen Schöpfungsprinzip des Kosmos: *«Vater unser, der Du bist in den Himmeln»*. «Die ‹Himmel› sind im Grunde genommen die Gesamtheiten des Kosmos, und wir machen uns anschaulich, indem wir sagen ‹Vater unser in den Himmeln› oder ‹Vater unser, der Du bist in den Himmeln›, dass dasjenige, zu dem wir da sprechen, von einem Geistigen durchdrungen ist, wir wenden uns an das Geistige. Das ist die Perzeption, das ist dasjenige, was wir uns so anschaulich wie möglich vor Augen bringen sollen, wenn wir einen solchen Satz aussprechen ‹Vater unser in den Himmeln.›»[311] Mit dem Aussprechen dieser Anrufung oder dem innerlichen Hören dieses Satzes tritt, so Rudolf Steiner, der Mensch aus seinem Eigenwesen heraus. Er überschreitet die Bedingungen seiner inneren Existenz, ebenso wie im Sprechen oder Hören der Bitte: «Dein Reich komme», nicht dagegen in jener Anrufung, die zwischen der Hinwendung zu den «Himmeln» und der Bitte um das Kommen des «Reiches» steht und die Heiligung des Namens beinhaltet: «Wir sind gewissermaßen aus uns selbst heraus, indem wir solche Sätze sprechen wie ‹Vater unser, der Du bist in den Himmeln› oder ‹Deine Reiche mögen zu uns kommen›. Wir vergessen uns in dem Augenblick selbst, indem wir richtig diese Sätze innerlich hörbar lebendig machen. Wir löschen uns bei diesen Sätzen in einem hohen Maße einfach durch den Inhalt der Sätze aus, aber wir nehmen uns wieder in die Hand, wenn wir Sätze anderer Struktur lesen oder innerlich lebendig machen. Wir nehmen uns sofort wiederum in die Hand, wenn wir sagen *‹Dein Name werde geheiliget›*.»[312] Über die Umstände dieser initiativen «Selbstergreifung» sagte Rudolf Steiner weiter: «Es verwandelt sich sofort dieses ‹Dein Name werde geheiliget› in uns in die innere Tat. Wir haben auf der einen Seite die Perzeption ‹Vater unser, der du bist in den Himmeln›; ohne dass etwas dabei geschieht, ist es nicht möglich, diesen Satz in seiner Vollständigkeit zu erleben. Und indem wir uns auf das innerliche Hören einstellen, erregt dieses innerliche Hören in uns den Christus-Namen, wie es in vorchristlichen Zeiten den Jahve-Namen erregt hat [...]. Sprechen wir also in uns selber den Satz ‹Vater unser, der Du bist in den Himmeln› in der richtigen Weise aus, dann mischt sich hinein in dieses Aussprechen für uns in unserer heutigen Zeit der Christus-Name, und dann geben wir innerlich die Antwort auf dasjenige, was wir als eine Frage empfinden: ‹Dieser Name werde durch uns geheiliget.›»[313] Erläuternd fügte Steiner hinzu: «Auffällig könnte es einem erscheinen, dass ich sage, die Worte ‹Dein Name werde geheiligt› erregen in uns den Christus-Namen. Aber darin, meine lieben Freunde, liegt ja das ganze Christus-Geheimnis. Dieses Christus-Geheimnis wird solange nicht richtig gesehen werden, solange der Anfang des Johannes-Evangeliums nicht richtig verstanden wird. Am Anfang des Johannes-Evangeliums lesen Sie die Worte

‹Alles ist durch das Wort entstanden, und nichts gibt es in dem Entstandenen, was nicht durch das Wort entstanden wäre›. Indem man dem Vater-Gott zuschreibt die Weltenschöpfung, vergeht man sich ja gegen das Johannes-Evangelium. An dem Johannes-Evangelium hält man nur fest, wenn man die Sicherheit darüber hat, dass dasjenige, was entstanden ist, dasjenige, was man als Welt um sich hat, durch das Wort entstanden ist, also im christlichen Sinne durch den Christus, durch den Sohn, dass der Vater das substantiell Zugrundeliegende, das Subsistierende ist, und dass der Vater keinen Namen hat, sondern dass sein Name eben dasjenige ist, was in dem Christus lebt. Es liegt das ganze Christus-Geheimnis in diesem *‹Dein Name werde geheiliget›*, denn der Name des Vaters ist in dem Christus gegeben.»[314]

«Und wiederum wenn wir in dem Satze ‹Deine Reiche mögen zu uns kommen› uns selbst verlieren, finden wir uns, nehmen wir uns in die Hand und geloben, dass die Reiche, wenn sie zu uns kommen, in uns wirken, dass wirklich der göttliche Wille geschehe wie in den himmlischen Reichen, also auch da, wo wir sind auf Erden.»[315] *«Deinen Willen führen wir in der Betätigung unseres Lebens so aus, wie du, o Vater, ihn in unser innerstes Gemüt gelegt hast.»*

*

Aus dem so erfahrenen «Dialog» mit der göttlich-geistigen Welt kehrt der Beter oder Meditant des Vaterunsers zum Erdensein zurück – zu den vier Schritten des zweiten Teiles, die sich vor dem Hintergrund des Erfahrenen vollziehen: «Dieses Wechselgespräch bereitet Sie dann vor, überhaupt erst die innere Würdigkeit zu haben, um dasjenige, was nun der Erde angehört, mit demjenigen in Beziehung zu bringen, mit dem Sie in das Wechselgespräch gekommen sind, auch für die irdischen Verhältnisse.»[316] Es gehe darum, so Rudolf Steiner, in die Entfremdung des Erdenseins die göttlich-geistigen Kräften einzuführen bzw. das Bewusstsein für deren Wirken im Irdischen zu entfalten: «‹*Unser im Alltäglichen wirkendes Brot gib Du uns heute.*› Damit ist ja gemeint: Das, was sonst nur Naturvorgänge sind und als Naturvorgänge in uns wirkt, das soll durch unser Bewusstsein, durch unser inneres Erleben ein Geistesvorgang werden. Und ebenso soll unsere Gesinnung verwandelt werden. Wir sollen fähig werden, denjenigen, die uns etwas getan haben, die uns etwas geschadet haben, zu vergeben. Wir können das nur, wenn wir uns bewusst werden, dass wir vieles geschadet haben an dem Göttlich-Geistigen, und dass wir deshalb zu bitten haben um die richtige Gesinnung, damit wir das, was uns auf der Erde geschadet hat, was an uns auf der Erde geschuldet worden ist, in der richtigen Weise behandeln können; wir können das nur, wenn wir uns bewusst werden, dass wir ja immerdar durch unser bloßes Natursein dem Göttlichen

Schaden zufügen und fortdauernd die Vergebung desjenigen Wesens brauchen, dem wir da schuldig geworden sind.»[317] Im «esoterischen Vaterunser» brachte Rudolf Steiner die fünfte Bitte in die Form:[318]

Lasse Ausgleich sein unser Erbarmen an anderen
für die Sünden an unserem Wesen begangen.

In dieser Weise befähigt das vollzogene «Wechselgespräch mit dem Göttlichen» den Menschen dazu, in neuer und anderer Weise die Ich-Du-Beziehungen auf Erden zu gestalten – und die Wiederverbindung der Erdensphäre mit dem kosmisch-geistigen Raum auch in der Sphäre des Sozialen zu leisten. Das «neue Mysteriengebet» zielt auf die Gemeinschaft der Menschen, Naturwesen und göttlichen Hierarchien. Diese Wiederverbindung des Menschen mit den «Vätern in den Himmeln» verändert das soziale Leben: «Wenn wir, immer mehr und mehr von solchen Empfindungen ausgehend, an das Vaterunser herantreten, meine lieben Freunde, dann vertieft sich das Vaterunser in der Tat zu einem innerlichen Erleben, das uns fähig macht, wirklich uns durch die Stimmung, in die wir uns da versetzen, auch die Möglichkeit zu verschaffen, nicht bloß vom physischen Menschen zum physischen Menschen zu wirken, sondern als menschliche Seele zur menschlichen Seele. Denn wir haben ja dann uns selber gewissermaßen zum Anschluss gebracht an das Göttliche und finden die göttliche Schöpfung in dem anderen Menschen, und wir lernen dadurch erst empfinden, wie wir ein solches Wort aufzufassen haben: *‹Was ihr einem der geringsten Meiner Brüder getan habt, das habt ihr Mir getan›*. Da haben wir gelernt, das Göttliche zu empfinden in allem Irdisch-Daseienden.»[319] Die Verwandlung der Substanz ist eine Dimension der Christus-Wirksamkeit auf Erden – nicht weniger die Ordnung des Schicksals, des sozialen Ausgleichs. Rudolf Frieling schrieb: «Im Bereich des Sonnenherzens Christi trägt einer des anderen Last. Wahre Gemeinschaft offenbart sich, wo Schuld durch Vergebung in Liebe gewandelt wird. Vergeben ist nicht bloß ein Auslöschen, es ist etwas Positives, ein Schenken. Vergeben kann nur, wer einen inneren Reichtum hat, wer Böses in Gutes umlieben kann.»[320] Dieser Vorgang kann und muss sich auf Erden vollziehen – zugleich gestaltet er das nachtodliche Dasein des Menschen, in einer Zeitepoche, von der Rudolf Steiner sagte, dass Christus in ihr der «Herr» des menschlichen Schicksals werde.[321] Er trägt und ordnet die Bezüge der Menschen untereinander – nach deren Eingang in die geistige Welt. Dieser geistigen Welt, auch in ihren sozialen Kräften, Zugang zur Erdenwelt zu verschaffen, intendiert die fünfte «Bitte»: *«Lasse Ausgleich sein unser Erbarmen an anderen für die Sünden an unserem Wesen begangen.»*

Über die letzten beiden Strophen, über den Umgang mit der Versuchung und dem Bösen, sagte Rudolf Steiner vor den Theologen: «*‹Führe uns nicht in Versuchung›*, das heißt: Lasse so rege sein in uns die Verbindung mit Dir, dass wir nicht die Anfechtung erfahren, in dem bloßen Natursein aufzugehen, uns bloß dem Natursein hinzugeben, dass wir Dich festhalten können in all unserer alltäglichen Nahrung. *‹Und befreie uns, erlöse uns von dem Übel.›* Das Übel besteht darin, dass der Mensch sich loslöst von dem Göttlichen; wir bitten, dass wir befreit und erlöst werden von diesem Übel.»[322] So vollzieht sich die reale Umkehr dessen, was in den alten Mysterien als Tragik der Erdeninkarnation und im Verfall der Mysterien als Wirken des Bösen, des Kranken und Dämonischen von Jesus erlebt worden war – in der Vorbereitung jenes Zukunftsschrittes, den das Taufgeschehen im Jordan mit sich brachte. Das Vaterunser handelt von der Durchchristung des Erdenseins, der Verwandlung aller Seinsschichten und Lebensbereiche. Die Auseinandersetzung mit den «Versucher»-Mächten rückte Rudolf Steiner mit ins Zentrum des von ihm geschaffenen Mysterienbaus des Ersten Goetheanum – die Erkenntnis, Auseinandersetzung und Überwindung des Bösen beschrieb er als die entscheidende Aufgabe der Gegenwart und Zukunft.[323] *«Erlöse uns zu unserer gottgewollten wahren Gestalt, lass uns im Sinne Christi das ‹Ich bin› aussprechen»* – dies ist, so Rudolf Frieling, der Inhalt der siebten und abschließenden Bitte des Vaterunsers.[324] Das Ereignis dieser «wahren Gestalt des Menschen», des johanneisch wie paulinisch verstandenen «Ich bin» bzw. «Ich lebe, doch nicht mehr ich, sondern Christus in mir» bildete den Daseinsgrund und die Zielsetzung all dessen, was Rudolf Steiner in Dornach veranlagte.[325] Zur Grundsteinlegung des Ersten Goetheanum hatte er das makrokosmische Vaterunser der alten Mysterienstätten gesprochen, den Ausgangspunkt jener Wende, der der Bau, seine Formgestalt und alle in ihm vollbrachten Arbeiten dienen sollten. «*Auf dass das Gute bestehe.*»

*

Bereits in einer frühen Zusammenkunft mit der Gruppe von Theologen, die eineinhalb Jahre später die Christengemeinschaft begründete, sprach Rudolf Steiner im Juni 1921 in Stuttgart über den Schluss, die Doxologie des Vaterunsers, in einer längeren, geistesgeschichtlichen Ausführung: «Heute, meine lieben Freunde, wird in den Gemeinden gelehrt die Form des Vaterunser, wie sie im Matthäus-Evangelium vorhanden ist. Man schließt: ‹... *und erlöse uns von dem Übel; denn Dein ist das Reich, die Macht und die Herrlichkeit in Ewigkeit. Amen.*› – Kein Mensch, der über das Vaterunser lehrt, versteht diesen Schlusssatz des Vaterunsers. Durch die Behandlung der Gnosis, des durchgeistigten Christentums, ist Schutt geworfen über das Verständnis dieses letzten Satzes. Was heißt er? Dieser Schluss war in denjenigen Mysterien, aus denen er entnommen war, verknüpft mit einem bestimmten Symbolum, mit einer Hinüberleitung des ganzen Sinnes in

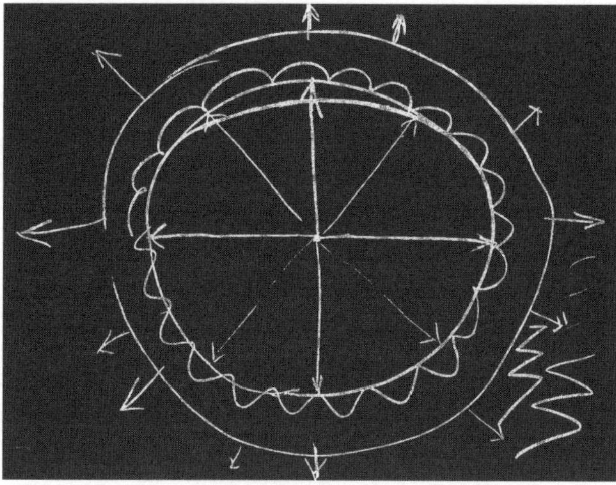

Wandtafelzeichnung Rudolf Steiners, 16.6.1921. Aus: GA 342, S. 210.

die symbolische Anschauung. Man sagte so: Wenn man für das ‹Reich› das Symbolum aufstellt, so ist es dieses (Wandtafelzeichnung). Die Begrenzung, das ist das Symbolum für das Reich. Dasjenige, was das Reich ist, umfasst ein bestimmtes Gebiet. Aber es hat nur einen Sinn, vom ‹Reich› zu sprechen, wenn man dieses Gebiet in seiner Begrenzung darstellt, wenn man das darstellt, wohin das Reich, das Gebiet, reicht.

Ein solches ‹Reich› hat aber nur eine Bedeutung, wenn es durchkraftet ist, wenn es nicht nur ein begrenztes Gebiet ist, sondern wenn dieses Gebiet von Kraft durchstrahlt ist. Kraft muss im Mittelpunkt sitzen und das Reich muss durchstrahlt sein von der Kraft. So dass Sie ein Sichausbreitendes haben im Gebiet des ‹Reiches›. Die Kraft, die vom Mittelpunkt ausstrahlt, das ist die ‹Macht›. Die ausstrahlende Kraft, die das Reich beherrscht, ist die ‹Macht›. – Das alles würde sich aber im Inneren abspielen. Wenn nur dieses vorhanden wäre, so würde dieses ‹Reich› mit der ‹Macht› in sich abgeschlossen dastehen, und es würde nur für sich da sein. Es ist für anderes in der Welt, für andere Wesen erst da, wenn dasjenige, was da ausstrahlt, an die Oberfläche dringt und von da in die Umgebung hinüberstrahlt, so dass dasjenige, was in die Welt hinausstrahlt, ein an der Oberfläche befindlicher Glanz ist, eine ‹Herrlichkeit›. Das Ausstrahlen von innen ist die ‹Macht›, das Festsitzen der Macht an der Oberfläche und von da nach außen glänzend, das ist die ‹Herrlichkeit›. Wenn Sie sich das Gebilde ansehen, das durchaus hinüberführt in Mathesis, in anschauliche Vorstellung desjenigen, was in den Ideen Reich, Macht, Herrlichkeit gedacht werden kann, so haben Sie dieses Hinüberleiten in die Mathesis, in die anschauliche Vorstellung. Dann sucht man dasjenige, was man geistig-seelisch in der Anschauung hatte, auch äußerlich in der realen Wirklichkeit. Man schaut an, was man mathesisch erfasst hatte; das sucht man in der Außenwelt und findet es in der Sonne, denn das ist das Bild. Und statt, dass Sie schließen mit den Worten des evangelischen Vaterunsers: ‹... denn Dein ist das Reich, die Macht und die Herrlichkeit›, können Sie auch schließen das Vaterunser: *‹... denn Dein ist die Sonne›*.

Jedes Wesen wurde im Sinne der Trinität angesehen; und derjenige, der noch etwas weiß von der wirklichen gnostischen Erkenntnis, der weiß, dass eben einfach am Schlusse des Vaterunsers gebetet worden ist so, dass man vorgebracht hat in Worten die Glieder der Sonnentrinität, und dass man das Bewusstsein hatte, man spricht damit eigentlich aus, indem man das Vaterunser geschlossen hat, die sieben Bitten vorgebracht hat und auf sich hingewiesen hat: *‹... erlöse uns von dem Übel: denn Du, der Du in der Sonne wohnst, Du bist derjenige, welcher das vermag.›* Es ist überall ein Bewusstsein vorhanden gewesen, dass die Natur draußen nicht ungeistig ist, dass die Natur überall durchgeistigt ist, und das Mittel, diese Durchgeistigung wirklich sich zu vergegenwärtigen, man fand es, indem man überall das Trinitätswirken hatte. [...] Zu dieser Anschauung des Wirklichen als eines Durchgeistigten muss man eben wiederum kommen. Ohne diese Anschauung ist eine Religionsgrundlegung, eine Grundlegung des religiösen Wirkens absolut unmöglich. – Und wenn Sie kultisch sprechen wollen, dann müssen Sie auch allmählich aufrücken zum Begreifen des Äußeren. Sie müssen in der Sonne sehen können dasjenige, was die Objektivierung ist desjenigen, was Macht, Reich und Herrlichkeit ist. Sie haben vielfach das, was so ausgedrückt ist, fast durch das ganze Evangelium hindurch, nur so aufzufassen, dass es in einer Sprache ausgedrückt ist, wo durchaus das Wort bewusst hinüberfließt in das Gestalten, in das vom Geist aus in die Welt hinaus Geschaffene. Nur dann verstehen Sie das Evangelium wirklich, wenn Sie mit diesem Bewusstsein sich durchdringen können. – Nun, wenn wir dieses ins Auge fassen, dann werden wir sehen, wie weit die gegenwärtige Wissenschaft, trotzdem sie glaubt ganz realistisch zu sein, von der wahren Wirklichkeit entfernt ist. Denn, sehen Sie, es kam dann, nachdem man Schutt geworfen hatte über das Verständnis der Wirklichkeit – über solche Auffassungen wie diejenige, dass in den Schlussworten des Vaterunser die Sonne enthalten ist –, nachdem man es so weit gebracht hat, dass heute jeder als ein Unchrist hingestellt wird, der den Sonnenbegriff zusammenbringt mit dem Christus-Begriff, kam dann die Zeit, wo man überhaupt nicht mehr verstanden hat, wie sich dasjenige, was die menschliche Seele erlebt, zur Wirklichkeit verhält. [...] Und heute sind wir ja so weit, dass wir [...] eine Polemik sich entspinnen sehen, wenn darauf hingewiesen wird, dass im Vaterunser bei ‹Dein ist das Reich, die Macht und die Herrlichkeit in Äonen, Amen› eigentlich innerlich geistig-seelisch der Christus gemeint ist und äußerlich dasjenige, was ihm in der Umgebung entspricht: die Sonne. Gemeint ist, wenn man die Trinität – das Reich, die Macht und die Herrlichkeit – äußerlich zusammenfasst: *‹... denn Dein ist die Sonne›*, wenn man das Innere, Geistig-Seelische anschauen will, und – den Vater ansprechend, den der Welt Subsistierenden –: *‹denn Dein ist der Sohn, Christus-Jesus, er ist bei Dir›.*»[326]

In einer Erinnerung an diese Ausführungen Rudolf Steiners und seinen eigenen weiteren Weg schrieb Friedrich Rittelmeyer, der im Sommer 1921, zum Zeitpunkt von Rudolf Steiners Ausführungen, noch evangelischer Pastor in Berlin war und später zum ersten Erzoberlenker der Christengemeinschaft wurde: «Als Rudolf Steiner gegenüber die Sprache kam auf den Vaterunserschluss, da sagte er aus seiner Geistesforschung heraus: Ursprünglich hieß dieser Schluss: denn dein ist die Sonne! Das war eines jener Rätselworte, die ohne eigenes Weiterdenken stumm bleiben. Da ging mir eines Tages auf, wie genau die drei Worte des Vaterunserschlusses den drei Sonnenwelten entsprechen, die sich übereinander aufbauen. Dein ist das Reich – da sind wir im Gebiet der schaffenden Geister, der *Exusiai*. Dein ist die Kraft – da treten wir ein in das Gebiet der durchkraftenden Geister, der *Dynameis*. Dein ist die Herrlichkeit – das ist das Gebiet der durchleuchtenden Geister, der *Kyriotetes*. Wir sind im Sonnenreich. Dein ist die Sonne!»[327]

«Gemeint ist, wenn man die Trinität – das Reich, die Macht und die Herrlichkeit – äußerlich zusammenfasst: ‹... denn Dein ist die Sonne›, wenn man das Innere, Geistig-Seelische anschauen will, und – den Vater ansprechend, den der Welt Subsistierenden –: ‹denn Dein ist der Sohn, Christus-Jesus, er ist bei Dir –›.» In einer ägyptischen Amulett-Inschrift erhielt sich – als einziges diesbezügliches Zeugnis des urchristlichen Schrifttums – anstelle der Doxologie der Vaterunser-Schluss in Form der Anrufung: *«O Herr Christus!»*[328] In seinem «Hohepriesterlichen Gebet» vom Gründonnerstag hatte Christus den Vater gebeten, «dass sie [meine Jünger] meine *Herrlichkeit* schauen, die du mir gegeben hast.»[329] Diese (auf dem Berg Tabor bereits angedeutete) Schau der Christus-Doxa[330] war durch das Auferstehungs-, Himmelfahrts- und Pfingstereignis dann tatsächlich eingetreten[331] – Johannes schrieb im ersten Kapitel seines Evangeliums:

Wir schauten seine Herrlichkeit,
eine Herrlichkeit als des eingeborenen Sohnes vom Vater,
voller Gnade und Wahrheit.[332]

*

Anmerkungen

Die zitierte Literatur wird in den Anmerkungen nur in abgekürzter Weise wiedergegeben; zu den Buchtitel und verwandten Auflagen vgl. das Literaturverzeichnis, S. 167ff. (GA: Rudolf Steiner Gesamtausgabe)

1 Guardini, S. 9.
2 Thomas von Aquin, S. 119.
3 GA 96, S. 210.
4 GA 97, S. 94.
5 Notizen von Camille Wandrey zu einer Fragenbeantwortung von Rudolf Steiner über das Vaterunser (Oslo, Juni 1912). Rudolf Steiner Archiv, Dornach.
6 Vgl. Peter Selg: *Christus und die Jünger. Vom Schicksal der inneren Gemeinschaft.* Arlesheim 2009.
7 Lk 3, 22. Alle Evangelienzitate des Textes entstammen – so nicht anders nachgewiesen – der Übersetzung von Heinrich Ogilvie (*Das Neue Testament.* In der Übersetzung von Heinrich Ogilvie. Herausgegeben von Friedrich Ogilvie, Christoph Rau und Ollif Smilda. Stuttgart 1996).
8 Paracelsus, S. 80.
9 Kelber, S. 79.
10 Joh 17, 24.
11 Joh 20, 17. Vgl. Rittelmeyer, S. 40f.
12 Joh 14, 23.
13 Thomas von Aquin, S. 119.
14 Gal 2, 20.

15 Kelber, S. 81f. – Auch Paracelsus schrieb: «Denn wir können nicht ‹Vater unser› sprechen, es sei denn, dass wir seine Söhne sind […] Allein die vermögen ‹Vater unser› zu sagen, die da aus dem Geist zum zweitenmal geboren worden sind. Das gleiche liegt ja auch vor, wenn Christus sagt: ‹Mein Vater!›, insofern als er von Gott durch das Wort geboren ist, das Fleisch wurde. In diesem Wort werden auch wir Fleisch und Blut. Die nun aus diesem Wort – das ist: aus diesem Geist – geboren werden, die sind Brüder Christi, die können sprechen: ‹Vater unser.›» (S. 77).

16 Althoff, S. 13.

17 GA 97, S. 107.

18 GA 343, S. 151.

19 GA 211, S. 189.

20 Mt 6, 6.

21 Lk 11, 1.

22 GA 148, S. 38.

23 Ebd.

24 «Seine Kindheit und Jugend hat mein Vater im engsten Zusammenhang mit einem Prämonstratenserstifte in Geras verlebt. Er hat stets mit einer großen Liebe auf diese Zeit seines Lebens zurückgeblickt. Er erzählte gerne, wie er im Stifte Dienste geleistet hat und wie er von den Mönchen unterrichtet worden ist.» (Rudolf Steiner; GA 28, S. 8).

25 Ebd., S. 27

26 Rudolf Steiner: *Selbstzeugnisse. Autobiographische Dokumente.* Hg. Walter Kugler. Dornach 2007, S. 19.

27 Ebd.

28 Über die Bedeutung der Kultus-Erlebnisse in Neudörfl

schrieb Rudolf Steiner an späterer Stelle seiner Autobiographie noch einmal bekräftigend: «Mir steht von meiner Neudörfler Knabenzeit stark dieses vor der Seele, wie die Anschauung des Kultus in Verbindung mit der musikalischen Opferfeierlichkeit vor dem Geiste in stark suggestiver Art die Rätselfragen des Daseins aufsteigen lässt. Der Bibel- und Katechismus-Unterricht, den der Pfarrer erteilte, war weit weniger wirksam innerhalb meiner Seelenwelt als das, was er als Ausübender des Kultus tat in Vermittlung zwischen der sinnlichen und der übersinnlichen Welt. Von Anfang an war mir das alles nicht eine bloße Form, sondern tiefgehendes Erlebnis. Das war umso mehr der Fall, als ich damit im Elternhause ein Fremdling war. Mein Gemüt verließ das Leben, das ich mit dem Kultus aufgenommen hatte, auch nicht bei dem, was ich in meiner häuslichen Umgebung erlebte.» (GA 28, S. 28).

29 Vgl. GA 28, S. 125ff. Vgl. a. Emil Bock: «Schicksalsgruppierungen um Rudolf Steiner in seiner Wiener Zeit (1879-1889).» In: *Rudolf Steiner. Studien zu seinem Lebensgang und Lebenswerk.* Stuttgart [1]1961, S. 51ff. und Thomas Meyer: *Rudolf Steiners «eigenste Mission». Ursprung und Aktualität geisteswissenschaftlicher Karmaforschung.* Basel 2009, S. 34 ff.

30 Vgl. die entsprechenden Zeugnisse in der Studie von Christoph Lindenberg: *Individualismus und offenbare Religion. Rudolf Steiners Zugang zum Christentum.* Stuttgart [2]1995.

31 Brief an Rosa Mayreder, 19.11.1891. GA 39, S. 124.

32 GA 258, S. 66ff.

33 GA 28, S. 366.

34 Marie Steiner-von Sivers: «Wendepunkte des Geisteslebens» (1927). In: Marie Steiner: *Die Anthroposophie Rudolf Steiners. Gesammelte Schriften I.* Dornach 1967, S. 16. – Rudolf Steiner selbst referierte das Gespräch mit den Worten: «In der Zeit, als Fräulein von Sivers schon Mitglied war, ich selbst aber noch nicht, da fand einmal ein Gespräch zwischen uns statt, in welchem sie fragte, warum ich mich denn nicht der Gesellschaft anschließe. Und ich antwortete darauf in einer längeren Auseinandersetzung, die den Inhalt hatte: es wird mir immer unmöglich sein, einer Gesellschaft anzugehören, innerhalb welcher man eine solche Theosophie treibe, die in jenem Grade durchdrungen ist von unverstandener orientalischer Mystik, wie das bei der Theosophischen Gesellschaft der Fall sei; denn mein Beruf wäre es, zu erkennen, dass es bedeutsamere okkulte Impulse gebe für unsere Gegenwart, und dass es unmöglich wäre bei dieser Erkenntnis, zuzugeben, dass von dieser orientalisierenden Mystik das Abendland etwas zu lernen habe. Es würde das, was ich zu vertreten habe, sich einer falschen Beurteilung aussetzen, wenn ich sagen würde: ich will Mitglied sein einer Gesellschaft, welche zu ihrem Schibboleth orientalisierende Mystik hat. Das war der Inhalt jenes Gesprächs.» (GA 264, S. 406).

35 Von einer theosophischen Vortragsreise schrieb Rudolf Steiner einmal (am 16.4.1905) an Marie von Sivers: «In München schien es mir wieder ganz gut zu sein. Die Vorträge, die von etwas Christlichem handeln, wie der über den Apostel Paulus, finden allerdings noch weniger Ohren. Es gibt da zweierlei Schwierigkeiten. Einmal hat es der bisherige Gang der theosophischen Bewegung mit

sich gebracht, dass die Leute Theosophie für etwas wesentlich Indisches halten. Sie glauben daher auch wohl, dass der Theosoph nichts über das Christentum zu sagen habe. Und dann tritt ja wirklich das offizielle Christentum heute in einer Form auf, dass es schwer wird, an die von mir vorgetragene wahre Gestalt zu glauben. Es wird noch manches notwendig sein, um hier Klarheit zu schaffen. Der Katholizismus findet nicht mehr die Worte, um den ‹Christus› zu künden, weil er sich den modernen Denkformen entfremdet hat und dadurch eigentlich nur mehr von denen verstanden werden kann, die durch Unbildung nicht von diesen Denkformen berührt sind. Der Protestantismus ist auf dem Wege, durch den Rationalismus und Tatsachen-Historismus seiner Theologen, den ‹Christus› überhaupt zu verlieren und nur mehr den ‹Jesus von Nazareth› festzuhalten, den er als den ‹schlichten Mann› dem modernen Demokratismus nahe zu bringen sucht. Deshalb waren auch in Karlsruhe beim öffentlichen Vortrage die Nichttheosophen über das Christentum, von dem sie hörten, etwas verblüfft, die Theosophen zwar sympathisch berührt, aber doch auch etwas verwundert. Man konnte ihnen ablesen: ‹dass im Christentum solche Theosophie ist, haben wir bisher gar nicht geahnt›.» (GA 262, S. 105).

36 Brief Marie von Sivers' an Edouard Schuré, 13.1.1907. Zit. n. Hella Wiesberger: *Marie Steiner-von Sivers. Ein Leben für die Anthroposophie.* Dornach 1989, S. 191.

37 Ebd.

38 Zur Schicksalsdimension dieser Andeutung vgl. Thomas Meyer: *Rudolf Steiners «eigenste Mission». Ursprung und Aktualität geisteswissenschaftlicher Karmaforschung.* Basel 2009, S. 77ff.

39 Brief Marie von Sivers' an Edouard Schuré, 13.1.1907, Hervorhebung v.V. Zit. n. Hella Wiesberger: *Marie Steiner-von Sivers. Ein Leben für die Anthroposophie*, S. 192.

40 Ebd., S. 193.

41 GA 100, S. 87.

42 Vgl. insbesondere GA 96, 97, 99 und 100.

43 Vgl. u.a. Peter Selg: *«Ich bleibe bei Ihnen». Rudolf Steiner und Ita Wegman. München, Pfingsten 1907 – Dornach, 1923–1925*. Stuttgart 2007.

44 GA 262, S. 26.

45 Vgl. hierzu u.a. Hella Wiesberger: «Aus der okkulten Geschichtsforschung: Die Hiram-Johannes-Individualität». In: Hella Wiesberger: *Rudolf Steiners esoterische Lehrtätigkeit. Wahrhaftigkeit, Kontinuität, Neugestaltung.* Dornach 1997, S. 251-267 und Hella Krause-Zimmer: *Christian Rosenkreutz. Die Inkarnationen.* Dornach 2009.

46 Vgl. GA 59, S. 168ff.

47 «Wenn man die allgemeine Literatur über das Gebet und das Vaterunser, die sehr mannigfaltig ist, überschaut, dann bemerkt man, dass seine [Rudolf Steiners] Darstellungen in einer einzigartigen Weise über alles derartige Schrifttum hinausragen; man erlebt: Hier spricht ein *Wissender*; aber man weiß gleichzeitig: So sprechen kann doch nur jemand, der nicht nur etwas *über* das Gebet zu sagen weiß, sondern der vor allem aus Erfahrung kennt, was es ist, zu beten –: Hier spricht ein *Betender*. Nur aus Erfahrung und Wissen heraus kann so über das Gebet gesprochen werden.» (Schroeder, S. 111f.).

48 GA 59, S. 130f.

49 Ebd., S. 126.

50 GA 96, S. 204.

51 Zum Begriff des «Mantra» und zu den «Mantren» im Werk Rudolf Steiners vgl. die Ausführungen von Hella Wiesberger: «Rudolf Steiner als Lehrer esoterischer Schulung. Zu den Meditationssprüchen – Herzstück der esoterischen Übungen.» In: Hella Wiesberger: *Rudolf Steiners esoterische Lehrtätigkeit. Wahrhaftigkeit, Kontinuität, Neugestaltung.* Dornach 1997, S. 63ff.

52 GA 97, S. 92. – Zum mantrischen Charakter des Vaterunser schrieb Karl Friedrich Althoff: «Die Worte des Vaterunsers sind mindestens in seiner ersten Hälfte ihrem Wesen nach Anrufungen: Es sind mantrische Anrufungen, die nicht nur eine Bedeutung haben, über die nachgedacht werden kann und die das Gemüt mit Ehrfurcht und Andacht erfüllen, sondern darüber hinaus Worte, die wesenhaft wirken und im ursprünglichen Sinnes des WORTES (LOGOS) Kraft in sich tragen. Es sind Worte, die ins Wesen rufen, die Wesen wirken.» (S. 20f.)

53 Ebd., S. 103.

54 GA 266/2, S. 26.

55 Mündlicher Bericht von Kurt Walther (1874–1940). Hans-Werner Schroeder schrieb sogar: «Von Rudolf Steiner weiß man, dass er das Vaterunser *täglich* laut gebetet hat.» (Schroeder, S. 97, ohne Quellenangabe, Hervorhebung v.V.). Sehr wahrscheinlich bezog sich Schroeder mit dieser Aussage auf Rudolf Steiners Zusammenarbeit mit Ita Wegman in der letzten Lebenszeit, die allabendlich mit dem Sprechen des Vaterunsers im Atelier begonnen wurde. Das Sprechen des Gebetes markierte dort die Aufnahme der gemeinsamen Arbeit, als «neues Mysteriengebet» für die Erfüllung einer Aufgabe, die

mit den «neuen Mysterien» im Bereich der Heilkunde verbunden war. Das Gebet erklang, sofern Rudolf Steiner in Dornach war und mit Ita Wegman arbeiten konnte. – Für Steiners Berliner Zeit wurde über ein *tägliches* Sprechen des Vaterunsers m.W. nie berichtet, wobei auch hier grundsätzlich zu berücksichtigen ist, dass eine tägliche Präsenz Steiners in der Motzstraße 17 aufgrund unzähliger Vortragsreisen in keiner Weise gegeben war.

56 GA 97, S. 114.

57 Vgl. Anm. 5.

58 Vgl. u.a. die Aufsätze von Rudolf Frieling: «Das Vaterunser mit den Verstorbenen gebetet» (1940; in: Frieling 2002, S. 118-124) und Alfred Schütze: «Das Vaterunser und die Toten» (in: Rau, S. 92-97). Vgl. a. Schroeder, S. 82ff.

59 Zum Begriff und Inhalt des «Fünften Evangeliums» vgl. GA 148 und Peter Selg: *Rudolf Steiner und das Fünfte Evangelium. Eine Studie.* Dornach [2]2010.

60 Friedrich Rittelmeyer: *Meine Lebensbegegnung mit Rudolf Steiner.* Stuttgart [10]1983, S. 62.

61 GA 300a, S. 81.

62 Ebd.

63 Ebd., S. 96.

64 Martha Haebler: «Rudolf Steiner in einer Waldorfschulklasse». In: *Erziehungskunst*, Heft 12, 1952, S. 359.

65 Rudolf Treichler: «Ein Besuch Dr. Steiners in meiner Englisch-Stunde.» In: Caroline von Heydebrand (Hg.): *Rudolf Steiner in der Waldorfschule.* Stuttgart 1927, S. 102.

66 Vgl. hierzu u.a. Alfred Heidenreich: *Aufbruch. Die Gründungsgeschichte der Christengemeinschaft.* Stuttgart 2000 und Rudolf F. Gädeke: *Die Gründer der Christengemeinschaft. Ein Schicksalsnetz.* Dornach 1992.

67 GA 344, S. 85f.

68 GA 59, S. 131.

69 Zit. n. Gädeke, S. 177. Vgl. hierzu auch den Aufsatz von Emil Bock: «Gebet und Kultus». In: Rau, S. 56-64.

70 Für die eurythmische Darstellung des Vaterunsers gab Rudolf Steiner der russischen Künstlerin Tatjana Kisseleff (1881–1970) Formen und übte mit ihr («Er wollte, dass das Gebet in der lateinischen Sprache eurythmisiert werde. Er rezitierte es selbst, sehr langsam [...].»). Kisseleffs kurzer Bericht über diese Zusammenarbeit (im Jahre 1914) ist sehr eindrucksvoll; ihr zufolge wurde das nach Angaben Rudolf Steiners einstudierte Vaterunser zu seinen Lebzeiten nur ein einziges Mal eurythmisch aufgeführt, in lateinischer Sprache (mit *panem nostrum supersubstantialem* statt *panem nostrem quotidianum*, vgl. Anm. 240) – am 22.12.1918 im Zweigraum der Anthroposophischen Gesellschaft in Basel, vor dem Weihnachtsbaum (vgl. Tatjana Kisseleff: *Eurythmische Arbeit mit Rudolf Steiner*. Dornach 1982, S. 66f.). Nach Edwin Froböse wurde in den Jahren nach Rudolf Steiners Tod von Marie Steiner-von Sivers wiederholt mit dem Sprechchor des Goetheanum am «esoterischen Vaterunser»-Text gearbeitet und dieser auch sporadisch vorgetragen: «Er wurde bei ganz besonderen Anlässen gesprochen.» (vgl. GA 268, S. 371).

71 Vgl. hierzu Willem Zeylmans van Emmichoven: «Das Vaterunser.» In: Willem Zeylmans van Emmichoven: *Der Grundstein*. Stuttgart [6]1990, S. 64-71.

72 Vgl. Emanuel Zeylmans van Emmichoven: *Wer war Ita Wegman. Eine Dokumentation*. Band 1. Heidelberg [1]1990, S. 243 (vgl. a. Band 2, S. 374f.).

73 Wie Madeleine van Deventer Emanuel Zeylmans van Emmichoven 1981 berichtete, half Ita Wegman Rudolf Steiner in der letzten Zeit seiner schweren Erkrankung beim Aufstehen für das Vaterunser-Gebet.

74 Zit. n. Ita Wegman: «Das Krankenlager, die letzten Tage und Stunden Dr. Steiners.» In: Nachrichtenblatt der Wochenschrift *Das Goetheanum*, 19.4.1925. Wiederabdruck in: Ita Wegman: *An die Freunde.* Arlesheim [3]1986 und Ita Wegman: *Erinnerung an Rudolf Steiner.* Arlesheim [2]2011.

75 GA 27, S. 7ff.

76 Nach mündlichen Überlieferungen (u.a. durch Daniel von Bemmelen [1899–1982]) sprach Rudolf Steiner das Vaterunser in seinem Atelier (auch?) in lateinischer Sprache. Vgl. dagegen den weiteren Text und Emanuel Zeylmans van Emmichoven: *Wer war Ita Wegman. Eine Dokumentation.* Band 2, S. 374.

77 GA 266/1, S. 198. Kurz zuvor, am 19. Januar 1907, hatte Rudolf Steiner bereits in Stuttgart betont: «Die Gebete der alten Sprachen verlieren ihre alte Kraft, wenn sie in neuere Sprachen übertragen werden. In den lateinischen Worten des Pater noster liegt viel mehr Kraft als im Vaterunser. Die Sprache des alten Vaterunsers ist die aramäische. Wer es sprach in der aramäischen Sprache, hat Zauberkraft empfunden.» (GA 97, S. 99). – Eine aramäische Fassung des Vaterunsers (nicht von Rudolf Steiners Hand) befindet sich u.a. im Nachlass Elisabeth Vreedes (Den Haag).

78 Marie Steiner notierte den Text in zwei Notizbüchern *vor* 1913 (Rudolf Steiner Archiv, Dornach. Nachlass Marie Steiner-von Sivers).

79 GA 268, S. 370.

80 Kremation von Caroline Wilhelm in Basel, 27.10.1920. Wie die stenographische Mitschrift von Helene Finckh (Block Nr. 4276) dokumentiert, sprach Hugo Schuster im 2. Teil des Bestattungsrituales das «esoterische Vaterunser» anstelle des üblichen Wortlautes (Rudolf Steiner Archiv, Dornach. Hinweis von Wolfgang Gädeke, Kiel).

81 Vgl. hierzu Michael Debus: «Der Totenkultus und die anthroposophische Bewegung». In: Michael Debus/ Gundhild Kačer: *Das Handeln im Umkreis des Todes. Fragen zur Bestattung.* Stuttgart 1996, S. 15f. Vgl. zum Gesamtkontext auch Peter Selg: *Rudolf Steiners Toten-Gedenken. Die Verstorbenen, der Dornacher Bau und die Anthroposophische Gesellschaft.* Arlesheim 2008.

82 Zit. n. Emanuel Zeylmans van Emmichoven: *Wer war Ita Wegman. Eine Dokumentation.* Band 2, S. 374.

83 Denkbar erscheint jedoch auch, dass der Wortlaut des «esoterischen Vaterunsers» nur zu Beginn der Arbeit mit Ita Wegman erklang, Rudolf Steiner jedoch das Gebet in seiner Krankheitszeit in jenem ursprünglichen Wortlaut (oder gar in jener lateinischen Fassung, vgl. Anm. 76) sprach, die er seinen Darlegungen vor den Theologen (und der Menschen-Weihehandlung der Christengemeinschaft) zugrundelegte. Den Wortlaut des «esoterischen Vaterunsers» als fortschrittliche «Erkenntnisfassung» zu bezeichnen (vgl. Fred Poeppig: *Das Vaterunser als Menschheits- und Erkenntnisgebet.* Basel 1956), ist gewagt – eine solche Formulierung und Deutung wurde von Rudolf Steiner selbst nie gebraucht.

84 GA 268, S. 341. – Zur fehlenden fünften Bitte («Lasse Ausgleich sein unser Erbarmen an anderen für die Sünden

an unserem Wesen begangen.») in den verschiedenen Niederschriften des «esoterischen Vaterunser» vgl. die Herausgeberanmerkung in GA 268, S. 371 und Anm. 318. Auch die Fassung Ita Wegmans in ihrem Notizbuch weist diese Bitte nicht auf. Als Text des Vaterunsers notierte sich Wegman: « Vater unser / Vater, der du warst, bist und / sein wirst / In unser aller innerstem Wesen. / Dein Wesen wird in uns / allen verherrlicht und hoch / gepriesen. / Dein Reich erweitere sich / in unseren Taten und in / unserem Lebenswandel / Deinen Willen führen wir in / der Betätigung unseres / Lebens so aus, wie Du / O Vater ihn in unser innerstes / Gemüt gelegt hast. / Die Nahrung des Geistes (das Brot / des Lebens) / Bietest Du uns in Überfülle / In allen wechselnden / Zuständen unseres Lebens / Den Versucher lässt Du / nicht über unsere Kraft / in uns wirken / Da in Deinem Wesen / keine Versuchung bestehen / kann / Denn der Versucher ist nur / Schein und Täuschung / aus der Du, o Vater uns / durch das Licht Deiner / Erkenntnis herausführst / Deine Kraft und Herrlich- / keit wirke in uns / In die Zeitläufe der / Zeitläufe / Amen.» (Ita Wegman Archiv, Arlesheim).

85 Althoff, S. 19.

86 Mt 5,1.

87 Von einem gemeinsamen «Niederlassen» der Christus-Jünger-Gemeinschaft – in konzentrativ-betender Orientierung – schrieb auch Markus im sechsten Kapitel seines Evangeliums, nach dem Bericht über die Rückkehr der ausgesandten Jünger (Mk 6, 31-32). Rudolf Frieling kommentierte diese Szene mit den Worten: «Als sie zurückkehren, sagt der Christus: ‹Geht ihr selbst ganz für euch an einen einsamen Ort und ruhet ein wenig.› ‹Denn es

war ein Kommen und Gehen von Vielen, und sie fanden nicht einmal Zeit zum Essen.› So fahren sie mit dem Christus über den See und suchen eine einsame Gegend auf, wo sie ‹ganz für sich› sind. Das griechische ‹kat' idian› meint, dass sie da zu ihrem ‹Eigenen› kommen, zu ihrem ‹Eigentlichen›. Sie werden in die Handhabung des inneren Lebens eingeführt. Die ununterbrochene Beanspruchung von außen her würde sie dazu bringen, sich zu vorausgaben. In dem griechischen Wort für ‹Ruhen› ist ‹Pause› enthalten, hier mit der Vorsilbe ‹ana› verbunden, also ‹aufwärts›. Es soll wahrhaft eine ‹schöpferische Pause› sein, mit einem Sich-Öffnen nach oben.» (1982, III, S. 110f.).

88 Rittelmeyer, S. 22.
89 Mt 6, 1-15.
90 Mt 7, 7-8.
91 Mt 7, 11.
92 Mt 7, 28.
93 GA 97, S. 85.
94 Bock, S. 675.
95 Lk 10, 40-42.
96 Lk 11, 1-4.
97 Lk 11, 13.
98 Frieling schrieb: «Der kleine Zug des Evangelisten, ‹als er pausierte›, gibt uns einen Einblick, wie sich so etwas im konkreten abspielte. In der länger währenden Gebets-Versenkung gibt es Unterbrechungen. In einer solchen Pause wird die Bitte eines Jüngers, der unter dem Eindrucke des Betens steht, der Anlass für den Christus, den Seinen das Vaterunser zu übergeben. Bei Lukas sind die jeweiligen Entstehungs-Situationen der verschiedenen

Christusworte bewahrt. Das gilt auch von dem Moment, in welchem das christliche Grundgebet erstmalig geoffenbart wurde. Lukas lässt uns miterleben, wie in den Versenkungs-Erfahrungen des Christus dieses Gebet seinen Ursprung hat, das sich dann zu der voll ausgebildeten Gestalt weiterentwickelt hat, die Matthäus überliefert.» (1982, III, S. 113).

99 Lk 3, 21-22, Hervorhebung v.V.

100 Rittelmeyer, S. 14f.

101 Lk 4,42; vgl. a. Mk 1, 35.

102 Lk 5,16.

103 Lk 9, 18.

104 Matth 14, 23 (Übersetzung von Rudolf Frieling).

105 Joh 6, 15 (Übersetzung von Rudolf Frieling).

106 Lk 9, 29

107 1982, III, S. 203 («Aus seiner Einkehr in das Göttliche erwächst dem Christus die Kraft, seine übersinnliche Lichtgestalt so stark zum Ausdruck zu bringen, dass sie den schauenden Jüngern, um einen Ausdruck Rilkes zu verwenden, ‹ans Gesicht reicht›.» Ebd., S. 112f.)

108 In: Frieling 1982, III, S. 107-115.

109 Zu dieser Situation vgl. Frieling, ebd., S. 113-115.

110 Ebd., S. 111.

111 Mk 14, 36.

112 Lk 6, 12-13.

113 Vgl. Mk 7, 34.

114 Mt 5, 44; Hervorhebung v.V.

115 Lk 23, 33-34.

116 Althoff, S. 24.

117 Ebd., S. 19.

118 Thomas von Aquin, S. 129. Vgl. a. Peter Selg: *Mysterium*

cordis. Studien zur sakramentalen Physiologie des Herzorganes. Aristoteles – Thomas von Aquin – Rudolf Steiner. Dornach [2] 2006, S. 92ff.

119 Jes 56, 7.

120 Mk 11, 17.

121 Joh 4, 23-24.

122 Althoff, S. 20. – Entgegen der überwiegenden Mehrheit aller Wissenschaftler, die (wie auch Rudolf Steiner) von einer aramäischen Ursprache des Vaterunsers ausgehen (zur Literatur vgl. Cullmann 1994, S. 53), vertrat Althoff die These einer griechischen Urfassung des Gebetes: «Seiner Urgestalt nach entstand es [das Vaterunser] in der Weltsprache der Christus-Botschaft, dem Griechischen.» (S. 12). Althoff versuchte dies an Aufbauelementen des Gebetes im Einzelnen aufzuzeigen, die allein für den griechischen Wortlaut zutreffen; seine Studien sind inhaltlich bedeutend und von bleibendem geistesgeschichtlichem Wert, darunter seine Ausführungen «Probleme der Textüberlieferung» (S. 26-49), die auf die Verbreitung des Aramäischen, Hebräischen und Griechischen in Palästina zur Zeitenwende eingehen und die Besonderheit der griechischen Sprache in der Bewusstseinsentwicklung der Menschheit – auch in ihrer Beziehung zum jüdischen Volk bzw. hebräischen Sprachgeist – zur Darstellung bringen. Obwohl Althoffs Hauptthese sehr wahrscheinlich nicht haltbar ist – wofür bereits die zahlreichen *Abba*-Evokationen in den Paulusbriefen sprechen –, so tragen seine Ausführung nicht nur viel zum Vaterunser-Verständnis bei, sondern beleuchten den besonderen Bezug des Christus-Ereignisses zum griechischen Geist und der vorchristlichen Michaels-Epoche. Im grie-

chischen Sprach-«Leib» konnte sich das Christus-Ereignis in einzigartiger Weise ausprägen – er war in gewisser Hinsicht für es geschaffen oder gebildet.

123 Mt 6, 9.

124 Althoff, S. 20.

125 Rittelmeyer, S. 52.

126 Joh 17, 26.

127 Thomas von Aquin, S. 126-128.

128 Ebd., S. 144.

129 3. Mos. 22, 32.

130 Lk 17, 21.

131 Mt 12, 28.

132 Thomas von Aquin, S. 136.

133 Mt 9, 38.

134 Althoff, S. 71.

135 Vgl. Peter Selg: *Christus und die Jünger. Vom Schicksal der inneren Gemeinschaft.* Arlesheim 2009.

136 Mt 5, 13.

137 Rittelmeyer, S. 93.

138 Lk 10, 23.

139 Lk 22, 31-32. – Paracelsus betonte in seiner Auslegung der sechsten Bitte des Vaterunsers, Petrus habe nicht selbst um die Bewahrung vor der Versuchung gebetet und daher Christus verleugnet («Petrus bat [...] nie um Behütung vor Versuchung, darum fiel er.» S. 90).

140 Mk 14, 38.

141 Joh 17, 15.

142 Vgl. GA 148 und Peter Selg: *Rudolf Steiner und das Fünfte Evangelium. Eine Studie.* Dornach 2005, S. 98ff.

143 Zur Entwicklung und Gestalt von Rudolf Steiners Aussagen zur Kindheit Jesu vgl. die Studie von Hella

Krause-Zimmer: «Wann begann Rudolf Steiner über die zwei Jesusknaben zu sprechen und wie klangen seine Darstellungen des Themas vorher?» In: *Mitteilungen aus der anthroposophischen Arbeit in Deutschland*. Nr. 163, 1988, S. 28-41.

144 Vgl. GA 148, Peter Selg: *Rudolf Steiner und das Fünfte Evangelium. Eine Studie*, S. 50ff. und Reinhard Wagner: *Die unbekannten Jahre Jesu*. Stuttgart [2]1995.

145 GA 148, S. 64.

146 Ebd., S. 293.

147 Ebd., S. 137.

148 Ebd., S. 82.

149 Ebd., S. 252.

150 Ebd., S. 292.

151 Ebd., S. 251.

152 GA 264, S. 259.

153 GA 148, S. 292.

154 Ebd., S. 251f.

155 Vgl. Emanuel Zeylmans: *Wer war Ita Wegman. Eine Dokumentation. Band 4. Die Erkraftung des Herzens. Eine Mysterienschulung der Gegenwart. Rudolf Steiners Anleitungen für Ita Wegman*. Arlesheim 2009.

156 GA 266/1, S. 177.

157 GA 268, S. 21.

158 GA 148, S. 259.

159 Ebd.

160 GA 148, S. 298.

161 Vgl. Peter Selg: *Das Ereignis der Jordantaufe. Epiphanias im Urchristentum und in der Anthroposophie Rudolf Steiners*. Stuttgart 2008.

162 GA 148, S. 50f.

163 Rudolf Frieling schrieb über die innere Situation des Christus Jesus in den vierzig Wüsten-Tagen: «Das Erlebnis der Jordantaufe bedeutete offensichtlich einen so gewaltigen Eingriff in das Bewusstsein und in das gesamte Wesensgefüge des Jesus von Nazareth, dass er eine gewisse Zeit brauchte, um sich in sein neues Dasein hineinzufinden. Es war ihm nicht möglich, sofort mit seiner Wirksamkeit zu beginnen. Vierzig Tage weilte er einsam in der Wüste. – Die Evangelisten verwenden hier Ausdrücke, die uns, als für den Christus gebraucht, fast befremdlich anmuten. Nach Matthäus (4, 1) ‹wurde Jesus vom Geiste hinausgeführt›, von der Jordansenke ins jüdische Bergland. Nach Lukas ging er ‹Heiligen Geistes› voll vom Jordan weg und ‹wurde in der Wüste im Geiste (hin und her) geführt› (4, 1). Er ‹wurde geführt›, das griechische Imperfekt deutet auf länger Andauerndes, Sich-Wiederholendes. ‹Es trieb ihn in der Wüste um›, so möchte man es vielleicht ausdrücken – aber es war doch wieder nicht das uns bekannte Umgetriebenwerden durch Sorge und innere Unrast. Was den Christus hin und her wandern ließ, war die Fülle, die Überfülle der empfangenen Geist-Eingießung. In seinem Innern ist es noch nicht zur Ruhe gekommen. Es wogt noch auf und ab und droht, das enge Gefäß der Menschen-Natur zu sprengen. Der Evangelist Markus drückt es drastisch-gewaltsam aus: Und sogleich ‹wirft ihn der Geist hinaus in die Wüste› (1, 12). Jesus in der Passivität eines ‹Geführtwerdens›, ja eines ‹Geworfenwerdens› – nirgends sonst wird in den Evangelien von ihm in dieser Weise gesprochen. Wir kennen ihn sonst nur als den souveränen Herrn seines Tuns und auch seines Leidens, in der Ruhe und Majestät sei-

nes ‹Ich Bin›. – Diese innere Herrschaft musste offenbar nach der Jordantaufe erst errungen werden. Der Getaufte brauchte die Zurückgezogenheit jener vierzig Tage, um mit sich selbst zurechtzukommen. Eben weil das Tauf-Erlebnis nicht voll bewältigt, die innere Verfassung noch nicht wieder stabilisiert ist, erfährt er die Einflüsterungen des Widersachers, welche nach Matthäus und Lukas sich durch die ganze Zeitspanne hindurch zogen, bis am Schluss die drei großen Versuchungen abgewiesen wurden. Auch die Tatsache, dass der Christus sich hierbei auf altheilige Bibelworte stützt – ‹es steht geschrieben› – zeigt an, dass die Fülle des Geistes noch nicht ganz in das Ich eingefasst ist und der Christus noch nicht in voller eigener Souveränität spricht. – Aber von da an, nachdem der Sieg errungen ist, finden sich solche ‹passivische› Ausdrücke nicht mehr. Nunmehr ‹ging Jesus in der Macht des Geistes nach Galiläa› (Luk. 4, 14).» (Frieling 1982, III, S. 107f.). Zu den «Versuchungen» bzw. Auseinandersetzungen mit den Widersachermächten vgl. Rudolf Steiners differenzierte Darlegungen in GA 148 sowie meine Zusammenschau der entsprechenden Darstellungen in *Rudolf Steiner und das Fünfte Evangelium,* S. 85ff.

164 GA 148, S. 89.
165 Ebd., S. 91.
166 Ebd.
167 Ebd., S. 92.
168 Ebd., S. 92ff.
169 Ebd., S. 292.
170 GA 59, S. 124ff..
171 GA 343, S. 88.

172 Vgl. u. a. Cullmann 1994, S. 57f.
173 GA 203, S. 292f.
174 GA 123, S. 173f.
175 GA 148, S. 94.
176 GA 26, S. 14.
177 Steiner sprach vom Vaterunser-Gebet, «das man aber nur in der rechten Weise versteht, wenn man es eben im echt christlichen Sinne auffasst, *wie es aufgefasst wurde von der Geheimschule des Paulus.*» (GA 100, S. 83). Diese Auffassung nannte Rudolf Steiner die «esoterische Auslegung des Vaterunsers» (Ebd., S. 87). Vgl. Anm. 256.
178 Vgl. Gal 4, 6; Röm 8, 15.
179 Vgl. 2 Tim 4, 18.
180 Vgl. 1 Chron 29, 10. Zu diesem alttestamentlich-jüdischen Hintergrund der Doxologie, dem Gebet Davids zur Grundsteinlegung des Tempelbaus, das den Ich-Bin-Gott (Jahwè) als den Herrn der Hierarchien anrief, liegt eine umfangreiche Sekundärliteratur vor, mit Berücksichtigung der jüdischen Esoterik. Auch Karl Friedrich Althoff bezog in seinen Doxologie-Betrachtungen aus dem Jahre 1978 das kabbalistische Geheimwissen um den zehngliedrigen Sphären-Baum *(Sefirot)* in subtiler Weise in den Gang seiner Untersuchungen ein (a.a.O., S. 104ff.). Vgl. a. J. v. Halle: *Das Vaterunser.* Dornach [1]2006, S. 49ff. (ohne Hinweis auf die Arbeiten von Althoff und anderen).
181 Althoff, S. 27.
182 Ebd., S. 27f.
183 Vgl. Jungmann 1991, S. 22.
184 1 Kor, 16, 22.
185 Cullmann 1950, S. 17.
186 Mk 14, 22/24.

187 Mk 16, 14.
188 Lk 24, 31.
189 Mt 18,20.
190 Apg. 2, 42.
191 Vgl. Furberg, S. 25.
192 Zit. n. Becker/Peter, S. 19.
193 Ebd., S. 62.
194 Ebd., S. 62f.
195 Jungmann 1948, 2, S. 339.
196 «Es war [...] die Frage, von wem es gesprochen werden sollte: ob ähnlich wie das *Sanctus* von allen Versammelten oder wie die übrigen Gebete im Ordo Missae vom Zelebranten im Namen der Gläubigen. Da es sich um die Bereitung des einzelnen zum Empfang des Sakramentes handelte, lag es allerdings nahe, auch jeden einzelnen und damit das ganze Volk [d.h. alle getauften Christen, die am Kultus teilnahmen; Anm. v. V.] unmittelbar am Gebet des Herrn zu beteiligen, zumal es ja jedem einzelnen völlig geläufig war. Diese Lösung ist denn auch im Orient [in der Ostkirche] maßgebend geworden. Überall wird das Vaterunser von den Rubriken dem Volke zugeteilt, ausgenommen in der armenischen Liturgie, wo die Kleriker es mit ausgebreiteten Armen singen sollen. Immerhin ist es auch in der byzantinischen Messe üblich geworden, dass der Chor oder auch dass nur einer aus dem Chor es spricht, der so aber doch noch als Vertreter des Volkes erscheint. Auch in der alten gallikanischen Liturgie wurde das Vaterunser vom ganzen Volke gemeinsam gesprochen, im übrigen Abendland dagegen sprach es der zelebrierende Priester. Das wurde schon in der afrikanischen Kirche Augustins so gehalten, allerdings auch

hier mit dem Anspruch lebhafter innerer und auch ritueller Beteiligung des Volkes. In der altspanischen Messe kam diese Beteiligung dadurch zum Ausdruck, dass nach jedem Abschnitt mit *Amen* respondiert wurde. – Auch in der römischen Messe fehlt es nicht an einem Ausdruck dafür, dass das Vaterunser dem Volke zugehört: es wird zwischen Priester und Volk aufgeteilt, wenn auch zu etwas ungleichen Teilen. Während die älteren Sakramente und die meisten Ordines über diese Aufteilung keine Andeutung enthalten und Gregor der Große [...] nur kurzerhand sagt, das Gebet des Herrn werde in Rom im Gegensatz zum Brauch der Griechen *a solo sacerdote* gesprochen, erfahren wir doch schon durch den Ordo des Johannes Archicantor, dass es auch schon im 7. Jahrhundert, also wohl von altersher, geschlossen wurde *respondentibus omnibus: Sed libera nos a malo.* Grundsätzlich wird es also auch hier vom Volk mitgesprochen. Es ist das Kommuniongebet des Volkes.» (Jungmann 1948, 2, S. 347ff.).

197 Zit. n. Furberg, S. 20.

198 Zit. n. Jungmann 1948, 2, S. 341.

199 Ebd., S. 341f.

200 Vgl. Becker/Peter, S. 78.

201 Liturgie der Mozaraber [der «Arabisierten»]: der unter der Herrschaft der Araber lebenden Christen.

202 Vgl. Furberg, S. 28.

203 Ebd., S. 13.

204 «Die Lateiner beziehen, angefangen von Tertullian, die Brotbitte allgemein auf die Eucharistie; dasselbe tut ein Teil der Griechen. Das ist bei einem Text, dessen Literalsinn doch offensichtlich das materielle Brot meint,

sehr auffällig. Es setzt den Brauch voraus, dass die Gläubigen beim Empfang des Sakramentes das Vaterunser sprachen, auch schon bevor es in den liturgischen Denkmälern als Teil der Liturgie erscheint.» (Jungmann 1948, 2, S. 339).

205 Vgl. Jungmann 1948, 2, S. 343.

206 Vgl. Dan 6, 10.

207 Vgl. Furberg, S. 7.

208 Ebd., S. 6.

209 Ebd., S. 7.

210 *Summa theologica* III 69, 5 ad 4.

211 Rittelmeyer, S. 105.

212 GA 175, S. 324.

213 Dibelius, S. 20.

214 Ebd., S. 22.

215 Origenes, S. 18f.

216 Ebd., S. 26.

217 Ebd., S. 104.

218 1 Thess 5, 17.

219 Origenes, S. 28.

220 Joh 1, 12.

221 Origenes, S. 31.

222 Vgl. hierzu die weiterführenden Darlegungen von Wilhelm Maas: «Zum Menschenbild des Origenes (Hegemonikon)». In: Origenes, S. 90-98.

223 1 Kor 15, 49.

224 Origenes, S. 33.

225 Phil 3, 14.

226 Origenes, S. 46 (zur Diskussion vgl. u.a. Cullmann 1994, S. 70ff.). Zum von Origenes nicht erfassten «Mysteriensinn» des griechischen Wortes *epiousion* vgl. a. die be-

merkenswerten Ausführungen von Karl Friedrich Althoff (a.a.O., S. 80-90). In seiner «Untersuchung zu dem Wort epioúßion» berücksichtigte Althoff auch die Mysterien von Eleusis – und schrieb: «Ein wenn auch selten und in heilig scheuer Zurückhaltung gebrauchter Beiname der Demeter ist Epiassa, das sprachlich eine Wortbildung aus dem Partizip (feminin) epioûßa in dessen Schwundstufe darstellt: nämlich aus ep-i-ṇ-tha (ṇ ist vokalisches n, das lautgesetzlich zu -a- werden muss). Hier wird Demeter, die Götter-Erden-Mutter, als die ‹Herantretende› erlebt. Die Kornähre wird in den Mysterien von Eleusis in der Epoptéja, der höchsten Einweihungsstufe, über dem Haupt des Einzuweihenden erhoben. Wenn das Korn gemahlen, wenn sein Leib zermahlen dahingegeben ist, tritt es an den Menschen wie in einem immerwährenden Sakrament heran, es wird artos epioúßios, um dessen Gabe wir ‹heute› bitten. Zur Anrufung wandelt sich diese Bitte, sofern wir in uns die Erkenntnis erarbeiten, dass in dem immerwährenden Brot Christus auf uns zukommt, der sich als das Brot des Lebens offenbart.» (Ebd., S. 85f.).

227 Vgl. Hiob 7, 1.

228 1 Kor 10, 13. – In den außerbyzantinischen Liturgien der Ostkirche hob der Nachsatz («Embolismus») des Vaterunser-Gebetes die letzten beiden Bitten hervor, wiederholend oder mit deutlicher Erweiterung des Textes. In der Jakobusanaphora fuhr der Priester nach dem Sprechen des Vaterunsers fort: *«Ja, Herr, unser Gott, führe uns nicht in eine Versuchung, die wir nicht zu ertragen vermöchten, sondern gib mit der Versuchung auch den Ausgang, dass wir bestehen können, und erlöse uns von dem Bösen.»* (Zit. n. Jungmann 1948, 2, S. 344).

229 Origenes, S. 63.
230 Eph. 6, 12.
231 Origenes, S. 73.
232 Ebd, S. 74.
233 Jak 1, 13.
234 Thomas von Aquin, S. 157.
235 Jak 1, 12.
236 Origenes, S. 73.
237 Joh 17, 15.
238 Origenes, S. 118.
239 Vgl. hierzu Althoff, S. 140-193.
240 Vgl. Althoff, S. 142ff. Lediglich das Wort «quotidianum» für die Kennzeichnung des «täglichen» Brotes ersetzte Hieronymus durch *«supersubstantialem»* (übersubstantiell, überseiend) – «das Brot, das über allen Wesen ist und alle Geschöpfe überragt», «das auserlesene Brot der Christen, nämlich Christus selbst» (Becker/Peter, S. 7).
241 GA 325, S. 56.
242 Althoff, S. 155f.
243 Ebd., S. 157.
244 GA 325, S. 40ff.
245 Ebd., S. 39.
246 GA 213, S. 192f.
247 GA 325, S. 45.
248 Zu Rudolf Steiners Ausführungen über die Lehren des auferstandenen Christus an seine Jünger («Vierzig Tage hindurch ließ er sich von ihnen schauen und sprach mit ihnen vom Reich Gottes.» Apg 1, 3) vgl. Peter Selg: *Christus und die Jünger. Vom Schicksal der inneren Gemeinschaft,* S. 107-116. Über diese Lehren des Auferstandenen und das durch sie von Christus vermittelte Mysterien-

wissen sagte Rudolf Steiner am 13.4.1922 (Gründonnerstag) in Den Haag: «In den vier ersten christlichen Jahrhunderten war dieses Wissen in einer gewissen Weise noch lebendig. Dann verknöcherte es in der römisch-katholischen Kirche, indem diese zwar das Messopfer beibehielt, aber keine Interpretation mehr dafür hat. Das Messopfer, so gedacht als Fortsetzung des Abendmahls, wie das Abendmahl in der Bibel geschildert ist, das gibt natürlich keinen Sinn, wenn man nicht erst einen Sinn hineininterpretiert. Dass gerade das Messopfer mit seinem wunderbaren Kultus, seiner Nachahmung der vier Mysterienkapitel, eingesetzt worden ist, das geht eben durchaus auf das zurück, dass der auferstandene Christus auch der Lehrer war derjenigen, die diese Lehren in einem höheren esoterischen Sinn empfangen konnten. Für die folgenden Jahrhunderte konnte ja nur bleiben dasjenige, was sozusagen eine Art kindlicher Unterricht war über das Mysterium von Golgatha.» (GA 211, S. 136f.).

249 GA 353, S. 96.

250 GA 351, S. 101.

251 GA 325, S. 51.

252 Ebd., S. 57,

253 Vgl. GA 325, Vorträge vom 15. und 16. Mai 1921.

254 Rittelmeyer, S. 22.

255 GA 110, S. 26,

256 «Tief war die Esoterik der Schule, die der Apostel Paulus begründet hat. Draußen wurde das Christentum exoterisch vertreten. Dionysius, den Areopagiten, hat Paulus beauftragt, diese Weisheit esoterisch zu pflegen.» (GA 97, S. 124) Auf diesen Zusammenhang ging Rudolf Steiner in verschiedenen Vorträgen ein. Er deutete wiederholt

an, dass die Begründung der esoterischen Schule zwar auf Paulus zurückging, dieser jedoch vornehmlich exoterische Wirkensaufgaben hatte – und die faktische Leitung der Schule Dionysius übergab, der einen christlich-gnostischen Schulungsweg entwickelte (GA 99, S. 153). Paulus «stiftete» die Schule «*durch Dionysius*» (GA 110, S. 27). Dionysius unterstand ihr innerer Ausbau, der in fundamentaler Weise gelang – aus seiner esoterische Schule des Christentums sind, so Steiner, «alle spätere esoterische Weisheit und Schulungen hervorgegangen» (GA 99, S. 153). Zur Frage der Echtheit der «pseudodionysischen» Schriften (aus dem sechsten Jahrhundert nach Christus) und zur Frage der Person des Dionysius von Areopagita vgl. u.a. GA 93a, S. 97: «Die Lehre von den Göttern [göttlichen Hierarchien] ist zuerst in ein System gebracht worden von dem Schüler des Apostels *Paulus, Dionysius dem Areopagiten.* Sie ist aber erst im 6. Jahrhundert aufgeschrieben worden. Die Gelehrten leugnen deshalb die Existenz des Dionysius Areopagita und sprechen von den Schriften des Pseudo-Dionysius, als ob man erst im 6. Jahrhundert alte Überlieferungen zusammengestellt habe. Der wahre Sachverhalt ist nur zu konstatieren durch das Lesen in der Akasha-Chronik. Die Akasha-Chronik aber lehrt, dass Dionysius wirklich in Athen gelebt hat, dass er von Paulus eingeweiht worden ist und von ihm den Auftrag erhalten hat, die Lehre von den höheren Geistwesen zu begründen und besonderen Eingeweihten zu erteilen. Gewisse hohe Lehren wurden damals niemals aufgeschrieben, sondern nur durch mündliche Tradition fortgepflanzt. Auch die Lehre von den Göttern wurde so von Dionysius seinen Schülern gegeben und von diesen wiederum weitergegeben. Der direkte Schüler wurde dann mit Absicht wieder Dionysius genannt, so dass der letzte, der die Lehre von den Göttern aufschrieb, einer in dieser Reihe war, die alle Dionysius genannt wurden.»

257 GA 97, S. 142.

258 Zit. n. Becker/Peter, S. 126.

259 GA 97, S. 99.

260 Zu diesen höchsten Wesensgliedern des Menschen vgl. u.a. GA 9, S. 51ff.

261 Althoff, S. 67 («Bliebe man in den aus kirchlichen Traditionen gewohnten Vorstellungen und Empfindungen befangen, dann müsste man sagen: *So* spricht man nicht mit dem ‹Vater im Himmel›! Doch eine bloß ‹fromme Haltung› stimmt keineswegs mit den sprachlichen Formen des Gebetes überein. Diese weisen auf die ganz andere Gebetshaltung, in der die Seele übend sich selbst ergreift – in allem Vertrauen zu der allgegenwärtigen Welt des Vaters, aber auch mit aller spirituellen Energie.» Ebd.)

262 GA 96, S. 217.

263 Ebd.

264 Vgl. insbesondere GA 132.

265 GA 96, S. 208.

266 Vgl. GA 110.

267 GA 203, S. 300.

268 GA 196, S. 216.

269 GA 96, S. 210.

270 Zum Erdbezug des «Lebensgeistes» der Christus-Wesenheit seit dem Mysterium von Golgatha vgl. GA 240, S. 291f.

271 Ebd., S. 211.

272 Althoff, S. 68.

273 Ebd., S. 69.

274 GA 167, S. 185.

275 Vgl. hierzu den grundlegenden Aufsatz von Hella Wiesberger: «Rudolf Steiner als Lehrer esoterischer Schulung. Zu den Meditationssprüchen – Herzstück der esoterischen Übungen.» In: Hella Wiesberger: *Rudolf Steiners esoterische Lehrtätigkeit. Wahrhaftigkeit, Kontinuität, Neugestaltung.* Dornach 1997, S. 58-72.

276 GA 96, S. 217.

277 Ebd., S. 210f..

278 GA 97, S. 112.

279 Thomas von Aquin, S. 145.

280 Sir 29, 28.

281 Spr 30, 8; vgl. Thomas von Aquin, S. 145.

282 GA 96, S. 212. Zum Begriff des «physischen Leibes» vgl. Peter Selg: *Vom Logos menschlicher Physis. Die Entfaltung einer anthroposophischen Humanphysiologie im Werk Rudolf Steiners.* 2 Bände. Dornach [2] 2006.

283 GA 96, S. 212.

284 Vgl. Peter Selg: *Vom Logos menschlicher Physis. Die Entfaltung einer anthroposophischen Humanphysiologie im Werk Rudolf Steiners.* 1. Band, S. 107ff.

285 GA 96, S. 214.

286 Vgl. Peter Selg: *Die Arbeit des Einzelnen und der Geist der Gemeinschaft. Rudolf Steiner und das «Soziale Hauptgesetz»*. Dornach 2007.

287 «So wie vom Mittelpunkt der Erde die physischen Kräfte heraus wirken, so wirken von allen Seiten die Kräfte herein und bedingen unseren Ätherleib.» (GA 224, S. 94).

288 Zur Einverwandlung des ätherischen Leibes in den nachtodlich-kosmischen Zusammenhang vgl. meine Übersicht der entsprechenden Aussagen Rudolf Steiners in: Peter Selg: «In Christo morimur». Der nachtodliche Weg der Menschenseele. In: *Rudolf Steiners Toten-Gedenken*. Arlesheim 2008, S. 126ff.
289 GA 96, S. 216.
290 Ebd., S. 214.
291 Ebd., S. 215.
292 GA 97, S. 113.
293 GA 96, S. 218.
294 Ebd., S. 218f.
295 GA 148, S. 251.
296 GA 97, S. 114.
297 Ebd., S. 115.
298 «So wie der Herr den Jüngern die Worte vorsprach, waren sie [...] noch kein Gebet, sondern nur die Anleitung zu einem solchen. Sie sollten und konnten zum Gebete werden, sofern sie aufrichtig nachgesprochen wurden», behauptete Eduard von der Goltz 1901 (S. 43).
299 Dem Vaterunser-Gebet liegen die «Ursprungskräfte des Menschen» zugrunde, sagte Rudolf Steiner in der Osloer Fragenbeantwortung aus dem Jahre 1912. Vgl. Anm. 5
300 GA 96, S. 217.
301 GA 131. Vgl. zu Rudolf Steiners Verständnis des Phantom- und Auferstehungsleibes die Darstellungen von Sergej O. Prokofieff: *Das Mysterium der Auferstehung*. Stuttgart 2008, S. 82ff.
302 GA 343, S. 151.
303 Vgl. Anm. 248.
304 GA 343, S. 152.

305 Ebd.

306 Vgl. Peter Selg: *Vom Logos menschlicher Physis. Die Entfaltung einer anthroposophischen Humanphysiologie im Werk Rudolf Steiners.* 2. Band, S. 569ff.

307 GA 293, S. 126.

308 GA 191, S. 171.

309 Frieling 2002, S. 103.

310 «Im Vaterunser bezieht eigentlich der erste Satz sich nun nicht auf das spätere Werden, sondern auf den Anfang, auf den Ursprung. Das Vaterunser ist eigentlich als Zeitmaß gedacht, es bezieht sich also auf den Anfang [...].» (GA 343, S. 630).

311 Ebd., S. 151f.

312 Ebd., S. 152f..

313 Ebd., S. 153.

314 Ebd., S. 154.

315 Ebd., S. 153f.

316 Ebd., S. 154.

317 Ebd., S. 155.

318 Vgl. dazu jedoch auch Anm. 84. – Der Wortlaut von Rudolf Steiners Dornacher Erläuterungen zur Frage der Schuld und des Vergebens, insbesondere zur Schädigung des Göttlich-Geistigen als einem «Wesen» (dem höheren Wesen des eigenen Seins), spricht m.E. – ebenso wie der gesamte Sprachduktus – dafür, dass die Formulierung der fünften Bitte des «esoterischen Vaterunser» auf Rudolf Steiner zurückgeht. Zugleich bleibt jedoch die Tatsache bestehen, dass die fünfte Bitte in den maßgeblichen Niederschriften des «esoterischen Vaterunsers» nicht vorkommt bzw. nicht zum ursprünglichen Wortlaut gehört – sondern sehr wahrscheinlich nachträglich

ergänzt wurde (vgl. Anm. 84). Ihr Nichtvorhandensein gehört sehr wahrscheinlich zum eigentlichen Geheimnis dieser esoterischen Niederschrift, die mehr und anderes als eine Übersetzung war.

319 GA 343, S. 155f.

320 Frieling 2002, S. 115.

321 Vgl. hierzu u.a. GA 130 (Vortrag vom 2.12.1911) und GA 131 (Vortrag vom 14.10.1911).

322 GA 343, S. 155.

323 Vgl. Peter Selg: *Die Gestalt Christi. Rudolf Steiner und die geistige Intention des zentralen Goetheanum-Kunstwerkes.* Arlesheim 2008. Vgl. a. Hella Wiesberger: «Rudolf Steiners Wirken und das fünfte der sieben großen Geheimnisse des Lebens.» In: Hella Wiesberger: *Rudolf Steiners esoterische Lehrtätigkeit. Wahrhaftigkeit, Kontinuität, Neugestaltung*, S. 90-96.

324 Frieling 2002, S. 117.

325 Zur Bedeutung der *Gestalt des Menschen* in der Anthroposophie vgl. die grundlegenden Ausführungen von Hella Wiesberger, in: *Beiträge zur Rudolf Steiner Gesamtausgabe.* Nr. 37/38, 1972, S. 87-91.

326 GA 342, S. 193ff.

327 GA 343, S. 154f.

328 Vgl. Becker/Peter, S. 4.

329 Joh 17, 24; Hervorhebung v. V.

330 Vgl. Peter Selg: *Christus und die Jünger. Vom Schicksal der inneren Gemeinschaft*, S. 48ff.

331 Ebd., S. 103ff.

332 Joh 1, 14.

Literaturverzeichnis

a) Zitierte Werke Rudolf Steiner

Gesamtausgabe (GA), Rudolf Steiner Verlag, Dornach (Schweiz)

GA 9 *Theosophie. Einführung in übersinnliche Welterkenntnis und Menschenbestimmung* (1904): 32. Auflage 2003.
GA 26 *Anthroposophische Leitsätze* (1924/25): 10. Aufl. 1998.
GA 27 *Grundlegendes für eine Erweiterung der Heilkunst nach geisteswissenschaftlichen Erkenntnissen* (1925): 7. Aufl. 1991.
GA 28 *Mein Lebensgang* (1923–1925): 9. Aufl. 2000.
GA 39 *Briefe* Band II (1890–1925): 2. Aufl. 1987.
GA 59 *Metamorphosen des Seelenlebens II* (1910): 1. Aufl. 1984.
GA 93a *Grundelemente der Esoterik* (1905): 3. Aufl. 1987.
GA 96 *Ursprungsimpulse der Geisteswissenschaft* (1906/07): 2. Aufl. 1989.
GA 97 *Das christliche Mysterium* (1906/07): 3. Aufl. 1998.
GA 99 *Die Theosophie des Rosenkreuzers* (1907): 7. Aufl. 1985.
GA 100 *Menschheitsentwickelung und Christus-Erkenntnis* (1907): 3. Aufl. 2006.
GA 110 *Geistige Hierarchien und ihre Widerspiegelung in der physischen Welt* (1909): 7. Auflage 1991.

GA 123 *Das Matthäus-Evangelium* (1910): 7. Aufl. 1988.

GA 130 *Das esoterische Christentum und die geistige Führung des Menschen* (1911/12): 4. Aufl. 1995.

GA 131 *Von Jesus zu Christus* (1911): 7. Aufl. 1988.

GA 132 *Die Evolution vom Gesichtspunkt des Wahrhaftigen* (1911): 7. Aufl. 1999.

GA 148 *Aus der Akasha-Chronik* (1913/14): 5. Aufl. 1992.

GA 167 *Gegenwärtiges und Vergangenes im Menschengeiste* (1916): 2. Aufl. 1962.

GA 175 *Bausteine zu einer Erkenntnis des Mysteriums von Golgatha* (1917): 3. Aufl. 1996.

GA 191 *Soziales Verständnis aus geisteswissenschaftlicher Erkenntnis* (1919): 3. Aufl. 1989.

GA 196 *Geistige und soziale Wandlungen in der Menschheitsentwickelung* (1920): 2. Aufl. 1992.

GA 203 *Die Verantwortung des Menschen für die Weltentwickelung durch seinen geistigen Zusammenhang mit dem Erdplaneten und der Sternenwelt* (1921): 2. Aufl. 1989.

GA 211 *Das Sonnenmysterium und das Mysterium von Tod und Auferstehung* (1922): 3. Aufl. 2006.

GA 213 *Menschenfragen und Weltenantworten* (1922): 2. Aufl. 1987.

GA 224 *Die menschliche Seele in ihrem Zusammenhang mit den göttlich-geistigen Individualitäten* (1923): 3. Aufl. 1992.

GA 240 *Esoterische Betrachtungen karmischer Zusammenhänge.* Band VI (1924): 5. Aufl. 1992.

GA 258 *Die Geschichte und die Bedingungen der anthroposophischen Bewegung im Verhältnis zur Anthroposophischen Gesellschaft* (1923): 3. Aufl. 1981.

GA 262 Rudolf Steiner / Marie Steiner-von Sivers: *Briefwechsel und Dokumente* (1921-1925): 2. Aufl. 2002.

GA 264 *Zur Geschichte und aus den Inhalten der ersten Abteilung der Esoterischen Schule* (1904 bis 1914): 2. Aufl. 1996.

GA 266/1 *Aus den Inhalten der esoterischen Stunden.* Band 1 (1904–1909): 2. Aufl. 2007.

GA 266/2 *Aus den Inhalten der esoterischen Stunden.* Band 2 (1910–1912): 1. Aufl. 1996.

GA 268 *Mantrische Sprüche. Seelenübungen.* Band 2 (1903–1925): 1. Aufl. 1999.

GA 293 *Allgemeine Menschenkunde als Grundlage der Pädagogik* (1919): 9. Aufl. 1992.

GA 300a *Konferenzen mit den Lehrern der Freien Waldorfschule.* 1. Band (1919–1921): 2. Aufl. 1995.

GA 325 *Die Naturwissenschaft und die weltgeschichtliche Entwickelung der Menschheit seit dem Altertum* (1921): 2. Aufl. 1989.

GA 342 *Vorträge über christlich-religiöses Wirken,* 1. Band (1921): 1. Aufl. 1993.

GA 343 *Vorträge über christlich-religiöses Wirken,* 2. Band (1921): 1. Aufl. 1993.

GA 344 *Vorträge über christlich-religiöses Wirken,* 3. Band (1922): 1. Aufl. 1994.

GA 351 *Mensch und Welt. Das Wirken des Geistes in der Natur* (1923): 4. Aufl. 1988.

GA 353 *Die Geschichte der Menschheit und die Weltanschauungen der Kulturvölker* (1924): 2. Aufl. 1988.

b) Zitierte Sekundärliteratur

Aquin, Thomas von: *Das Vaterunser*. In: Hoffmann, Fritz und Kulok, Alfred (Hg.): *Thomas von Aquin als Seelsorger. Drei kleine Werke*. Leipzig 1988.

Althoff, Karl Friedrich: *Das Vaterunser. Die Wortgestalt des Menschheitsgebetes auf ihrem Weg durch die Kulturen der Völker.* Stuttgart 1978.

Becker, Karl und Peter, Maria: *Das Heilige Vaterunser.* Freiburg 1951.

Bock, Emil: *Das Evangelium. Betrachtungen zum Neuen Testament.* Stuttgart [2]1995.

Bock, Johann Peter: *Die Brotbitte des Vaterunsers.* Paderborn 1911.

Cullmann, Oscar: *Urchristentum und Gottesdienst.* Zürich 1950.

— : *Das Gebet im Neuen Testament.* Tübingen 1994.

Dibelius, Otto: *Umrisse zu einer Geschichte des Gebetes in der alten und mittleren Kirche.* Gießen 1903.

Frieling, Rudolf: *Gesammelte Schriften zum Alten und Neuen Testament.* Stuttgart 1986.

— : *Der erneuerte christliche Gottesdienst. Beiträge zu seinem Verständnis.* Hannover 2002.

Furberg, Ingemar: *Das Pater Noster in der Messe.* Lund 1968.

Gädeke, Wolfgang: *Anthroposophie und die Fortbildung der Religion.* Flensburg 1990.

Goltz, Eduard von der: *Das Gebet in der ältesten Christenheit.* Leipzig 1901.

Guardini, Romano: *Das Gebet des Herrn.* Mainz [4]1934.

Jungmann, Josef Andreas: *Missarum sollemnia. Eine genetische Erklärung der römischen Messe.* 2 Bände. Wien [1]1948.

— : *Christliches Beten im Wandel und Bestand.* Freiburg 1991.
Kelber, Wilhelm: *Christus im Vaterunser.* In: Rau, Christoph: *Wege zum Beten.* Stuttgart [2]1985.
Origenes: *Über das Beten.* Hg. Wilhelm Maas. Stuttgart 1997.
Paracelsus: *Mahl des Herrn und Auslegung des Vaterunsers.* Hg. von Gerhard Deggeller. Dornach 1993.
Rau, Christoph: *Wege zum Beten.* Stuttgart [2]1985.
Rittelmeyer, Friedrich: *Das Vaterunser. Ein Weg zur Menschwerdung.* Stuttgart [6]1998.
Schroeder, Hans-Werner: *Das Gebet. Übung und Erfahrung.* Stuttgart [1]1977.
Stritzky, Maria-Barbara von: *Studien zur Überlieferung und Interpretation des Vaterunsers in der frühchristlichen Literatur.* Münster 1989.

Peter Selg

Christian Morgenstern

Sein Weg mit Rudolf Steiner

392 Seiten, Leinen mit Schutzumschlag

In seiner umfangreichen Studie dokumentiert Peter Selg den Weg, den Christian Morgenstern in den Jahren 1909 bis 1914 in der Aufnahme der Anthroposophie ging. Unter Berücksichtigung von Morgensterns lyrischer Arbeit, seinen Korrespondenzen sowie den Aphorismen beschreibt Peter Selg die Entwicklung dieser Jahre, auch innerhalb der anthroposophischen Bewegung selbst.
Die Vorgänge, die mit der Begegnung Christian Morgensterns und Rudolf Steiners vor und nach 1914 verbunden sind, haben eine große geistige Kraft und sollten nicht aus dem Blick verloren werden. Von ihrem wirklichen Verständnis, ihrer Vergegenwärtigung und Durchdringung – ihrem zukunftsbezogen Eingedenksein im Sinne Walter Benjamins – hängt vieles ab, was mit dem Wirksamwerden der Anthroposophie, des esoterischen Christentums und einer dem geistigen Aufbau verpflichteten Kultur verbunden ist.

Peter Selg

Friedrich Hölderlin

Die Linien des Lebens

438 Seiten, Leinen mit Schutzumschlag

Peter Selg beschreibt das Leben Friedrich Hölderlins in seinen zentralen Arbeitsmotiven und Schicksalsgestalten anhand der Briefe und Werke, in denen der Dichter intensiv von sich selbst Zeugnis gab. Es entsteht ein ebenso umfassendes wie erschütterndes Bild von Hölderlins Ringen, seinem inneren Weg in schwieriger Zeit, dem Unverständnis seiner Umgebung und seinem geistigen Anliegen.
Peter Selg geht intensiv auf den von Friedrich Hölderlin verfassten Christus-Hymnus ein. Dabei wird deutlich, dass Hölderlin seine hohe Christus-Hymnik am Rande des Abgrunds und der Erkrankung verfasste, im Vorgefühl eines Christentums der Zukunft und in der Bezugnahme auf und Auseinandersetzung mit seiner geistigen Heimat Griechenland.

Verlag Freies Geistesleben

Buch-Veröffentlichungen des Ita Wegman Instituts für anthroposophische Grundlagenforschung

---

Peter Selg

Studien zur anthroposophischen Christologie

RUDOLF STEINER UND DIE VORTRÄGE ÜBER DAS FÜNFTE EVANGELIUM. Dornach [2]2010

CHRISTUS UND DIE JÜNGER. VOM SCHICKSAL DER INNEREN GEMEINSCHAFT. Arlesheim 2009

DIE WIEDERKUNFT DES CHRISTUS IM ÄTHERISCHEN. Zum Fünften Evangelium. Arlesheim 2009 (mit Sergej O. Prokofieff)

DAS ERSTE GOETHEANUM UND SEINE CHRISTOLOGISCHEN GRUNDLAGEN. Arlesheim 2009 (mit Sergej O. Prokofieff)

DIE CHRISTOLOGIE DES BUCHES «DIE GEHEIMWISSENSCHAFT IM UMRISS». Arlesheim 2010 (mit Sergej O. Prokofieff)

MICHAEL UND CHRISTUS. Studien zur Anthroposophie Rudolf Steiners. Arlesheim 2010

RUDOLF STEINER UND CHRISTIAN ROSENKREUTZ. Arlesheim 2010

DIE WEIHNACHTSTAGUNG UND DIE BEGRÜNDUNG DER NEUEN MYSTERIEN. Arlesheim 2011 (mit Sergej O. Prokofieff)

DIE GRUNSTEIN-MEDITATION RUDOLF STEINERS UND DIE ZERSTÖRUNGEN DES 20. JAHRHUNDERTS. Arlesheim 2011

«DIE BESEELTE MENSCHEN-SONNE». Eine Herz-Meditation Rudolf Steiners. Arlesheim 2011

FREUNDES- UND FÖRDERKREIS DES ITA WEGMAN INSTITUTS

«Anthroposophie muss, noch mehr als bisher, kosmopolitisch werden, darf nicht eingekapselt werden durch Gruppen von Menschen oder auf einzelne Länder beschränkt bleiben; sie ist für alle Menschen über die ganze Welt.»

Ita Wegman

Dem Freundes- und Förderkreis des Ita Wegman Instituts für anthroposophische Grundlagenforschung (Arlesheim) gehören Menschen aus verschiedenen Ländern an, die die Forschungs-, Publikations- und Lehrtätigkeiten des Instituts unterstützen – in ideeller und finanzieller Weise, nach eigenem Ermessen. Diese Menschen wollen einen Beitrag dazu leisten, dass die Tätigkeit des Instituts für die Sichtbarmachung der wissenschaftlichen und sozialen Intentionen Rudolf Steiners auch in Zukunft aufrechterhalten und weiter entfaltet werden kann. Angesichts einer schwierigen gesamtgesellschaftlichen Lage bejahen sie die Bemühungen des Ita Wegman Instituts, die spirituellen und ideellen Grundlagen der von Rudolf Steiner entwickelten Anthroposophie sowie ihre Anwendung in konkreten Lebensfeldern aufzuarbeiten und zur Darstellung zu bringen.

Die Mitglieder des internationalen Freundes- und Förderkreises erhalten den Jahresbericht des Ita Wegman Instituts, werden über durchgeführte Aktivitäten regelmäßig informiert und in größeren Abständen zu Treffen nach Arlesheim eingeladen.

ITA WEGMAN INSTITUT FÜR ANTHROPOSOPHISCHE GRUNDLAGENFORSCHUNG

Im Ita Wegman Institut für anthroposophische Grundlagenforschung wird die von Dr. phil. Rudolf Steiner (1861–1925) in Schrift- und Vortragsform entwickelte anthroposophische Geisteswissenschaft ideengeschichtlich aufgearbeitet, unter werkbiographischer Akzentuierung und im Kontext der Wissenschafts- und Sozialgeschichte des 19. und 20. Jahrhunderts.

Das Institut unterhält mehrere, öffentlich zugängliche Arbeitsarchive, die auf den Nachlässen von wegweisenden Mitarbeitern Rudolf Steiners beruhen, insbesondere im Bereich der Medizin, Heilpädagogik und Pädagogik (Ita Wegman Archiv, Hilma Walter Archiv, Willem Zeylmans van Emmichoven Archiv, Karl König Archiv und Karl Schubert Archiv).

Die Arbeiten des Ita Wegmans Instituts werden von verschiedenen Stiftungen – in erster Linie der Software AG-Stiftung (Darmstadt) – sowie einem internationalen Freundes- und Förderkreis unterstützt.

Pfeffinger Weg 1a · 4144 Arlesheim · Schweiz
Leitung: Prof. Dr. P. Selg
www.wegmaninstitut.ch · Email: sekretariat@wegmaninstitut.ch